后语言哲学论稿

钱冠连 著

外语教学与研究出版社
FOREIGN LANGUAGE TEACHING AND RESEARCH PRESS
北京 BEIJING

图书在版编目（CIP）数据

后语言哲学论稿／钱冠连著. -- 北京：外语教学与研究出版社，2019.8
ISBN 978-7-5213-1152-5

Ⅰ．①后… Ⅱ．①钱… Ⅲ．①语言哲学－研究 Ⅳ．①H0

中国版本图书馆 CIP 数据核字（2019）第 204955 号

出 版 人　徐建忠
责任编辑　巢小倩
责任校对　孔乃卓
封面设计　高　蕾
出版发行　外语教学与研究出版社
社　　址　北京市西三环北路 19 号（100089）
网　　址　http://www.fltrp.com
印　　刷　北京虎彩文化传播有限公司
开　　本　850×1168　1/32
印　　张　6.25
版　　次　2019 年 9 月第 1 版　2019 年 9 月第 1 次印刷
书　　号　ISBN 978-7-5213-1152-5
定　　价　59.90 元

购书咨询：（010）88819926　电子邮箱：club@fltrp.com
外研书店：https://waiyants.tmall.com
凡印刷、装订质量问题，请联系我社印制部
联系电话：（010）61207896　电子邮箱：zhijian@fltrp.com
凡侵权、盗版书籍线索，请联系我社法律事务部
举报电话：（010）88817519　电子邮箱：banquan@fltrp.com
物料号：311520001

记载人类文明
沟通世界文化
www.fltrp.com

序：但愿中国的后语哲真正"亮"起来

　　本书囊括的十篇论文，体现了我的后语言哲学的理念与研究方法，供读者思考与批评。

　　对于终结了的历史事件、潮流、运动，比如分析哲学（即"语言哲学"的同义语），我们后人能做的事就是学习其积极面（智慧），避免其消极面。论其积极面，中外哲学家说得足够多了。对于其弱点，我只补充、强调两条：一、当初分析哲学所讨厌的"形而上学已经恢复了它的中心地位"[1]，其所以能如此，必有内在原因和推动力。我刚好要说的是，形而上不是"打"回老家，而是分析哲学家"请"回老家的[2]。二、不是别人，正是语言哲学的主将奎因（Quine）发表了《经验论的两个教条》，真正颠覆了分析哲学的根基。于是作者在其《后语言哲学之路》[3]卷首语中指出：既然"东方不亮西方亮"是自然的[4]，那么"西方不亮东方亮"也自然是自然的，后语言哲学在中国文化土壤中生出。

1　Susan Haack，2004，当代世界学术名著·哲学系列（总序一），北京：中国人民大学出版社（可参见［英］斯特劳森著，个体：论描述的形而上学，江怡译）。
2　请参见江怡，2014，当代西方分析哲学史研究现状分析，世界哲学，（3）。
3　钱冠连，2015，后语言哲学之路，上海：上海外语教育出版社。
4　此为王寅先生于2008年1月在广东外语外贸大学召开的第二届中西语言哲学研究会年会暨中西语言哲学研究大会成立大会上主题发言中的一句话。此后，他多次重复此话，用以阐发后语哲在中国诞生的必然性。

本书第五篇论文《从西方的分析哲学到中国的后语言哲学》正是说明了产生后语言哲学的中国文化土壤，读者不妨最先读此文或者第一篇《语言哲学和后语哲三个关键词词群的价值》，然后再读其他篇章。

本书十篇论文的排列规则是：最早发表的后语哲论文（介绍西方分析哲学的文章未选入内）排在最后，最近发表的靠前。自然，尚未发表（在本书内算首次发表）的三篇也就排列到了最前面。

义集选取"西方哲学—分析哲学—后语言哲学"链条中的最后一段，以十篇论文具体展示：在中国发生的后语哲到底是个什么模样？怎样利用汉语语料提出问题、解决问题？怎样利用分析哲学的营养与智慧？怎样把西方的哲学本土化？怎样学习外国而又有中国本土的创造？说到这里，我要毫不掩饰地向读者诸君重点推荐《中国古代哲学的逻辑及其符号化》、《"马"给不出马的概念》、《论反合及其语言踪迹》及《模糊指称：无穷递增和无穷递减的跨界状》。读完这四篇以后，你会对上面五个问题有一个明晰的了解。另外，本书另一篇论文《从西方的分析哲学到中国的后语言哲学》，比较详细地介绍了除我以外的中国后语言哲学学者王寅、刘利民、杜世洪三人是怎么做工作的。另外，霍永寿教授也在卓有成效地做后语言哲学研究。读者在考察他们的研究后，会进一步对后语言哲学了然于心。然而，若要对后语言哲学的起源与基本思路有一个清晰的梳理，可以看看《后语言哲学参与第二次哲学启蒙》一文。我在此没有提及的篇章，也都有自己的见解，绝非人云亦云的拼凑之物，更不是注解西洋之物、挟洋自重的东西！

为了这个后语哲的"后"，还有一件忍痛割爱的事。我有一篇尚未发表过的论文叫《"意义"定义：两个要素及两个媒介》，是分析哲学的老问题。虽然有我的新的解决办法，但是终归还是捡起老问题翻炒。我最终没放进这个集子，就是为了贯穿所选论文的统一标准——在汉语语料中找到一个日常生活的新问题，给出一个哲学解决（关于世界及宇宙观的道理）。

此前，作者在安徽合肥（2018年）提出了后语哲关键词词群：汉语语料、入口、问题、出口、世界一束。把这五个关键词词群串起来，就组成后语哲基本概念：在汉语语料那里找到入口，发现问题、解决问题，说明世界一束的道理，就是出口。（落脚点在世界一束上，就是语哲，落脚点在语言形式上，就是语言学。）但愿后语哲在中国"亮"起来，像其他哲学传统、流派一样地"亮"起来。

我的学生霍永寿教授为这本书的编辑花了大量心血，逐字逐句，校正勘误。在此，特表示衷心的感谢。

钱冠连

2019年3月1日

白云山下

目 录

西方哲学、语言哲学和后语哲三个关键词词群的价值
　　——钱冠连演讲报告（2018.5.19，安徽大学）　　**1**

西方哲学该怎么回应量子理论的挑战？　　**12**

中国古代哲学的逻辑及其符号化　　**21**

"马"给不出马的概念
　　——谓项与述谓的哲学意蕴　　**39**

从西方的分析哲学到中国的后语言哲学　　**50**

后语言哲学参与第二次哲学启蒙　　**67**

论反合及其语言踪迹　　　　　　　　　　　**79**

模糊指称：无穷递增和无穷递减的跨界状　　　**107**

人自称与物被称的数目的巨大不对称　　　　　**117**

论工具性语言扩展式
　　——西方语言哲学研究之八　　　　　　**129**

附录：夹缝中的学问也是真学问
　　——钱冠连教授访谈录　　　　　　　　**151**

代跋：舍不得那点“无用的”美丽
　　——我学习语言哲学的故事　　　　　　**169**

钱冠连年谱　　　　　　　　　　　　　　　**186**

主要著述　　　　　　　　　　　　　　　　**191**

西方哲学、语言哲学和后语哲三个关键词词群的价值

——钱冠连演讲报告（2018.5.19，安徽大学）

拿到这一份《语言哲学和后语哲三个关键词词群的价值》的文稿的时候，你们很可能提出的第一个问题是：你凭什么选出这三个词群呢？你有什么资格让我们相信你选的是正确无误的？我现在就首先回答这两个问题。

探险者总是有风险的，风险与探险是同在的。因此，我不能担保我选的这三类词群是无误的、无错的。对这个东西，我本人就是半信半疑。首先说我的半疑。我的疑问在什么地方？桂诗春先生说，研究母语的可以靠直觉，intuition，但是，研究外语的，中国人研究外语的科学论文，最终要皈依于数据。我今天的发言是没有数据归纳出来的，也就是说，我选出的这三类关键词的词群是没有通过数据统计出来的。这就是大家可以怀疑我的一个最大的理由。那么，我说我对自己的这个题目是半信半疑。疑，我说了。那么我信在哪里呢？

换句不客气的话说就是，你有什么资格选这三个词群让别人相信你呢？既然说半信，下面就说一下我的三点半信的理由。

我读过语言哲学方面的书有五本，第一本是Maria编辑的分析哲学家（亦即后来的语言哲学家）的一本书，包含18位哲学家的论文。第二本，Martinich编的语言哲学家（分析哲学家）

的论文集，包括46篇论文（2008年第四版）。还有三本是中国人写的，一本是陈嘉映写的，一本是江怡写的，另一本是王路写的。陈嘉映的书叫《语言哲学》，江怡的叫《分析哲学教程》，王路的叫《走进分析哲学》。这是我第一个可以相信自己的地方：我读过五本书。

另外，我还读过三大词典，第一部大词典是 A. Tanesini 编的 *Philosophy of Language A-Z*。这本书每个条目读了三遍到四遍，先后读了五年，这是第一大词典。第二大词典是 Bunnin、余纪元两位先生编的《西方哲学英汉对照词典》。这本作为我的重点参考对象。还有第三本词典：*Oxford Dictionary of Philosophy*，就是牛津出版社编写的一本哲学词典，编者是 S. Blackburn。我每天读两条，今年是读的第五年了，还剩下五分之一，而且我是每条至少读三遍，无论是不是关于语言哲学的，我通通读完。因此，我今天说的相信自己不会那么离谱的原因之一就是我读过五本书和三本西方哲学大词典，这是第一个根据。第二个根据，就是我经历了20年左右的语言哲学的学习，因此我对语言哲学有哪些词可归于关键词的词群，不是太离谱的。

第三个就是桂先生说的中国人学外语，写出的研究文章，最终要皈依于大数据的统计，对我这个研究不一定适合。大家知道，哲学是形而上的。metaphysics 的 meta 之意，在上边，在下边，在左边，在右边，就是不在中间，悬于 physics 之外，physics（物理学）是科学家干的事情，而哲学家干的事情就是 speculation（玄想），就是思辨。因此，我这个研究还是有一定的可置信的根据。这里，我欢迎大家提反对意见，我欢迎大家有这样的论文出现：钱老师，你说的哪一个词群的哪一个可以不是关键词，我的理由是1、2、3，摆出来，然后你建议哪一个词可以进关键词词群，1、2、3，把道理摆出来。而且，无论刊物主编怎么决定，我都帮你写推荐信，帮你的论文在杂志上发表。

"哲学是一种历史性的思想,哲学史是思想性的历史"(孙正聿),也就是说,哲学是一种思想,而且哲学史就是历史,但是这个历史是思想性的历史。所以就沿着分析传统的语言哲学关键词的词群,找到了15条。(为何不从"西方哲学"关键词词群说起?请后见。)

第1条就是linguistic turn,哲学的语言性的转向,是西方哲学在转向,而不是语言学在转向。它是"哲学的语言性转向",我再说一遍,是哲学的语言性转向。

第2条是semantic ascent,语义上行,上行到哪里去呢?美国的语言哲学家奎因说,哲学问题上行到语义那里去;他有一句很经典的话:shift from talk about objects to talk about words,从谈论对象,到谈论词语。太经典了。

第3条是analysis,分析方法,分析哲学是分析表达式的,因此把它列为第三个。

第4条,analytic philosophy是分析哲学传统而言的,对语言哲学至关重要。analytic、analytical,这两个词是通用的,第四条是核心。

第5条是philosophy of language,analytic philosophy。

第6条是linguistic philosophy,其实,《牛津大词典》说linguistic philosophy是不那么受人欢迎的一个名称。这是有一定道理的。

第7条,is或者to be。

第8条,reference指称,指称物不是这个reference,而是referent,reference是指称过程,是reference process,是一个过程。

第9条是meaning,意义。

第10条是semantic value,语义值,就是所谓的真值、假值。有一派语言哲学家们为什么动不动就说这个是真的或假的，初学者搞不清楚为何什么话都要分个真假。它是哲学中的一个派别的做法。命题本身无所谓真或假，将命题与经验事实对照时才产生了真与假。

第11条是logic，因为逻辑是哲学研究的主要方法，而且几乎是唯一的主要的方法；一说思考，就要说逻辑；因为逻辑才能导致思考处于应该的状态，不是你"思考了些什么"，而是你"应该怎么思考"，就是逻辑。

第12条是conception或notion，概念。

第13条，abstract entity，抽象体。entity是实体，这词翻译的不那么好，它不一定是实体，which is visible，which is touchable，which can be seen or can be felt and so on。可是，哲学家研究的entity大部分不是可见的、摸得着的，摸不着的还多于摸得着的，这就是哲学家的难处。世界上万物多得很，从reference到things，但是一旦进入到哲学家的眼睛里面，进入到研究者的眼睛里面，你在谈它的时候，就变成了object，对象，这个时候某物是你研究的对象。

第14条是truth，真假的真，不要把它翻译成"真理"，它和"真理"这个词相差太远了，就是真假的真，直接说成一个字："真"，唯真就行。

第15条是thought，思想。

后语言哲学的关键词的词群，我列了五条。谈到后语言哲学，我有什么资格呢？我有资格。第一，我是中国人，这不就是资格嘛。第二，我在中国研究语言几十年，这也算是一个资格嘛。还有，我学语言哲学学了20多年，这也算是资格嘛。尤其这个"后语哲"还是我提出来的，我怎么就不能找关键词呢？你写论文也要关键词啊，我写论文也要关键词啊，对不对？太充分了嘛。

这五条是哪五条呢？

第一条是"汉语语料"。语料，我不用英语的，就用汉语的。待会儿我再举例子。

第二，"入口"。你从哪里进入呢？

第三，"问题"，这个就有意思了。你要寻找什么东西去研究啊，就是寻找一个一个的问题。经典哲学家，一般都努力建构系统。好多人都想搞系统，语言哲学家不建立系统，不像康德那样建立系统，都是找一个一个的问题。一个问题突破了，他就整理出一个来。你看，分析哲学家每一个人都是这样。因此，我们从他那里就学到了一个方法。研究哲学问题的时候，可以不要搞系统。如果你没有康德的头脑，你不是这块料，你就不要搞这个事情。那搞什么事情呢？就搞一个个的问题。从日常语言中抓问题。抓来一个问题，研究下来，深入下去，你就是这个方面的专家。

第四条关键词就是"出口"。你从哪里出来？如果你从"世界一束"（第五个关键词）出来，就是在搞语言哲学。我先说说"世界一束"再转过头来说"出口"。

第五条，"世界一束"，是什么意思？一束啊，翻成英语，可以用group，也可以用cluster。这一束包括了第一个：the world，前面加定冠词，the world，就是我们大家所说的那个世界。它不是一个东西，它是有一束东西在那里，成千上万个系列的词来述谓它。第二个就是，ontology，ontology就是西方哲学研究的第一个阶段。ontology，就是王寅先生所说的being论，就是being这个单词，说动词就是to be。第三个词就是to know。这么简单的词都可以进入关键词的词群。这是个典型问题啊！"How can we know anything at all?""What justification have we for our claims to knowledge?""我们究竟何以知道一些事情的？""当我们宣称知道某些事情时，我们有何验证呢？"于是便成了西方哲学的第二个阶段。第二个阶段是什么？认识论、知识论阶段。to know就是知道些什么东西，于是名词就变成了什么呢？ knowledge。theory of knowledge怎么来的？就是冯友兰所说的知识论。它就是认识论。第四个词是 existence，或者是 to exist。20多年前，我曾经在湖南的一次大会上，那是中国英汉语比较研究会，我问涂纪亮先生，涂纪亮先生是江怡先生的老师，我们知道他是社科院的，就把他请去做讲座。后来我就提了一个问题：西方哲学是研究存在的，为什么我读西方哲学作品的时候，很少找到 existence 这个词，是什么道理？你们说这是不是一个问题？后来我一想，这真是一个问题。而且后来我思考越来越多的问题，existence 这个词啊，真的是少，我现在已经专门读它读了20多年，都比较少地看见。它比 being 出现的次数少多了，比 thing，比 object 少多了，object 这个词成千上万地出现，object，things，reference 成千上万地出现，但是 existence 确实是比较少。什么原因呢？就是因为它能够被其他的词代替。第一种代替，就是需要说 existence 的场合，大都可以用 object，thing(s)，reference 取而代之；第二种代替是，还有其他的词可以代替它，不说 existence，"我坐这"，I sit here，这不就是 I am here 吗？To be（to exist）被 to sit 取代了。I sit here，这不就是存在了吗？每一个民族的词都可以找到大量的行为词来取代这个 to exist，"存在"这个词。"我坐着"这不就是存在吗？我存在在那里嘛。何况，西方语言，英语中有 to be 这个词，那就更可以不需要 to exist 出场，它代替很多"存在"出场了。I am here. 就是我在这儿，存在在这儿，am 代替了 exist。西方哲学的第一个阶段就是 ontology。前面这个 on 是希腊语的词头啊，它就是 being，existence，"世界一束"还有 things，还有 object。things 就是事物，事情。这个词啊，出现在哲学家的口中，我看几分钟就得出现一个这样的词。当 things 变成你的研究对象的时候，就变成了 object 这个词。第六，realism，reality，就是实在论。第七个词就是 entity，实体或者是虚体。entity 既可以指实体，也可以指虚体。你说林黛玉，有这个人吗？没这个人嘛。但林黛玉可以被我们谈论，就成了虚体对象。比如说市场经济啊，它是一个实体吗？市场经济是一个什么形状，是方的是扁的是圆的你摸摸看啊，摸得到吗？摸不到啊。但是，你不能否认它的存在啊！你不能否认它是entity啊！这就是哲学家的聪明之处嘛。他可以把虚体变成研究对象然后去研究它，就是哲学家的聪明之处。化学家就不会去研究市场经济嘛，因为它是抽象的，对不对？第八个就是thought。thought的相对过程就是thinking，思考。第九个就是logic，就是西方哲学的关键词。第十个就是object。这个我说过了。

以上就是"世界一束"的解释语，也就是西方哲学关键词的词群。（大题目里的第一项，这就是有"三个"词群的原因。"西方哲学"关键词词群，就在"世界一束"里被包括进去了。）我用许多东西述谓它。用了许多东西来述谓什么叫作"世界一束"，从而知道"出口"的问题。

现在返回到后语言哲学关键词群第四条"出口"。我们研究的汉语语料啊，你凭什么说，你是语言哲学研究，而不是语言研究呢？请问你研究的是什么东西。你的"出口"是"世界一束"（关于世界的道理），你解释的是我们刚才说的这么多东西的话，你就是语言哲学家。如果你"出口"在语言的形式上，那你就是语言学家。我在这里丝毫没有轻视语言学家的意思，丝毫没有。职业是不可能有高低贵贱之分的，是研究领域不同而已。我的这番话，就是强调"出口"在哪里，这番话，曾经被一个哲学家引用过（谢维营等著《本体论批判》，人民出版社出版）。就是说，根据你的"出口"，可以划分你搞的是语言研究呢，还是语言哲学研究，就看你的"出口"。你说明世界的道理，就是在搞语言哲学，你说明语言问题本身（形式），你就是语言学家。

下面，我们把后语哲这五个关键词串联起来，就组成了后语哲的整个概念了。在汉语语料那里找到入口，第一句。接着，提出、发现、解决了问题；三个动宾结构：发现问题，提出问题，解决问题，是在汉语语料中这样做。说明"世界一束"的道理，就是"出口"。"出口"也可以叫作落脚点。落脚点，落脚在"世界一束"的道理中，就是语言哲学，落脚点在语言形式中，就是语言学。

我举三个例子。第一个例子，我有一篇论文叫《论反合及其语言踪迹》，在《当代外语研究》上发表的，我自己很欣赏这篇论文。那青年学者就讲，你是不是要谦虚点？你怎么说你欣赏自己的论文呢？我反问你：你连你自己的论文都不欣赏，你拿出去干什么呢？所以学者一定要拿出点感动自己的东西，你连自己都不能感动，你把它拿出去发表有什么用处呢？我就说，我写的语言哲学文章，有三篇最喜欢，一个是《"马"给不出马的概念》，"马"这个汉字能给得出马的概念吗？第二篇就是《论反合及其语言踪迹》，第三篇就是《人自称与物被称的数目的巨大不对称》。以《论反合及其语言踪迹》为例，反合是自然界的事物和运动的一种非常有趣的规律，它所有的存在的状态都是反合着的。正反两个方面同时出现，正反两个方面同时出现运动，而向前推动，就往前走了。一个人走路就是这样，摆手的话，如果左手向前，右手就向后，一个前，一个后，都是在朝相反的方向摆动。从来没有一个人这样走路（同时向前蹦）的，如果两只脚总是同时抬着，也抬不起来嘛。那就叫蹦，你蹦不下去了嘛，都是一前一后，都是反向的。世界上所有的东西都是这样。

刚好，语言的构成就反映了这个世界的规律。"东西"这个汉语词，东、西，反合着。"横竖"这个词，横、竖反合着。很多词的结合，都是反合的，都不是正合的，都不说"东东"，都说"东西"，这是什么东西呀？东和西合起来。"反正"，反和正，反合起来。"横竖"，横和竖，反合起来。这些词，就表现了这些词与宇宙运动的对应规律。

大家说，这是算语言研究还是算哲学研究？算哲学研究，因为论文落脚点放在解释宇宙的规律，宇宙就是这么形成的，所有的运动都是这么形成，都是这么个状态。看看量子力学出现的新情况，就是在微观世界里一个东西的不确定性，刚好印证了这个东西正反合。在实验箱里的猫可以是死的，也可以是活的。你观察它，它就稳定下来了，这个叠加状态就消失了。这个态就不叠加了，就成了纯粹状态；你不观察它的时候，它就是两个样子叠加，又是死猫，又是活猫。可是一看它呢，它要不就是死的，要不就是活的，它都和正反合是有牵连的，它们之间都是有关系的。

第二篇论文就是《人自称与物被称的数目的巨大不对称》。我们中国人称自己有多少称呼？美国人统计了有108个，吾、余等等；寡、寡人、朕，多得很；在下、鄙人等等，108个吧，美国人都吓跑了。"这么多，我这哪能学出头呢？"就跑了。这不过是个笑话。这是太个别的词。人自称多，多到这种程度！但是你发现了没有，汉语中的物被称，物都是被人称呼嘛，物被称非常少，最多三个吧。馒头有几个表达式？馒头大约就一两个吧。马铃薯有三个表达式，一个是马铃薯，一个是洋芋，一个是土豆。它都是有道理的，它毕竟少啊。它和人自称相比，这个数量就太不对称了。我就问，这是什么原因呢？原因就在于，人是要让自己出场，他就强调人出场的极端重要性。

语言哲学关键词词群价值。我做这个工作有什么价值呢？到目前为止，我没有发现有人做这个事情。关键词是有，一篇文章的关键词有。有没有词群呢？有没有哲学家做过这个工作？世界很奇怪，有些东西是非专业人士发现的，有些是胆子大的人发现的，胆子小是不能发现新东西的。这个世界就很怪，总是要有人犯错误，胆子大的人容易犯错误，你胆子不大，你就不犯错误，不犯错误，也就没有新发现了。你愿意去哪里，这都是你对人生的理解，对不对？说到底，你想有所创造，你就准备冒风险，冒风险就准备犯错误，犯错误就准备被代替。我觉得它是有价值的，所以我冒这个风险。

关键词词群的价值：第一，它结晶、浓缩了一个学科、学派、潮流的精气神。第二，反映了一种哲学的历史性的思想。在时空中运动、变化的思想。你看那头猪，很有趣啊，它在活动，在跑，我们都叫猪。英文叫 pig，是不是？怎么一到桌子上就变成了 pork，时空变化了嘛，对不对？因为在时空中变化，它的身份就会变化。你把哲学关键词的词群掌握了以后，就会有一种万变不离其宗的感觉。你不是在这件事情上碰到，就是在另外一件事情上碰到，这也反映了哲学思想性的时空运动。

第三个价值就是，结晶了一个哲学运动的体系，一个学科的骨架，一个学科的基本方法，一个学科的基本路径、主要问题、核心内容。

第四点价值就是，它可以避免初学者在黑暗中摸索的时间和苦恼。

王寅先生的《哲学沉思录》得奖的时候，我跟他讲了几句话："沉思录，录沉思，要得奖，是迟早。"你在得奖之前，一定要埋下头来，一条一条地搞，玩不得一点点假的。你没有做学者的这个气概，你就赶快去找别的门路，做生意，赶快去找其他的门路。搞管理，或者是搞别的什么，诚实的劳动多得很，对不对？你就不要搞学问了，搞学问一定要不怕清贫，清贫总是不得已而为之。

我现在就举一个例子，我刚才不是说，关键词词群结晶了学术的潮流、运动的体系、学科骨架、基本方法、路径、主要问题、核心内容等等吗？现在我们就回过头去看那个语哲的关键词。我为什么要选它？它不是方法，就是主题。不是主题，就是骨架。不是骨架，它一定是提纲挈领的东西。linguistic term，你不了解 linguistic term，你就不知道语言哲学是怎么来的。所以我就要把它选进去。大家再看第 10 条，semantic ascent，你不了解语义上行，你就不知道为什么语言研究可以回答哲学的问题。把奎因这个人的 semantic ascent 搞清楚了，就知道了这样才叫语言哲学。你看，analysis，分析，分析就是研究哲学的主要方法。我为什么把逻辑放进去呢？方法！为什么把 reference 列进去呢？为什么把 meaning 列进去呢？它们是语言哲学研究的核心背景，研究的核心。所以，把这些词列入一个核心词群，一定是有考虑的。这个考虑就在于第三条结晶了哲学的潮流、运动的体系、学科骨架、基本方法和路径、主要问题、核心内容。

中国语哲人的使命。一个文科学者终身追求的目标是留下相对永恒且具有普世价值的思想，谈何容易！如果中国学者不利用生活于其中的汉语资源，我们就像是长江的渔人，呆呆地构想在密西西比河如何撒网，如何下钩，却白白放跑了长江中的一条条大鱼。

（以上报告由东北师范大学任蕊副教授等录音整理，特别感谢。钱冠连修订）

西方哲学该怎么回应量子理论的挑战?

摘　要：(1) 来自量子纠缠和不确定性的挑战；(2) 非常简略地提及来自量子力学三个"诡异"的挑战：态叠加及其坍缩、意识改变客观世界、量子纠缠；(3) 中国哲学与量子理论的契合——王阳明心学的再解释：寂状态以及明状态；(4) 哲学给出什么说法：物质VS意识重新定位；多个世界；两个阵营的争论点。这些挑战都指向一个问题：世界存在方式到底是怎样的？

关键词：量子理论；西方哲学；挑战

1. 引言

本文作者对这篇没有太大长度的论文的取舍，考虑再三。困难在于，本文作者不是物理学家，对量子力学缺乏了解，更不消说深入的了解。因此此文舍掉了大量的量子理论部分，只留下少数有根据、有出处、有影响的两三段引文和一些不得不提及的量子理论的常识和术语。这样，本文的任务只在提出一个问题：西方哲学怎么回应量子理论的挑战？世界存在的方式到底是怎样的？

量子力学的提出，并非从现代开始。哲学家和物理学家争论早已开始。只是在中国成功发射量子卫星与成功发现量子加密传输技术之后，我们便不由得认真地向哲学，尤其向西方哲学，讨一个说法：世界存在之方式到底是怎样的？

2. 量子理论如何挑战西方哲学

2.1 关于量子理论

1935年，Einstein、Podolsky 和 Rosen 一起，写出了著名的佯谬（一个命题看上去是错误的，实际上不是——钱注）之后，提出了量子纠缠。实际上，薛定谔提出"量子纠缠"这个表达式。……量子理论搅乱了哲学界。（施一公，2018）

量子理论描述：quantum theory to deal with the structure and behavior of sub-atomic particles. According to quantum theory, in the subatomic world the position and velocity of an electron at any moment can be known only with mutually relatively uncertainty. (Bunnin & Yu, 2001: 844)

研究次原子粒子（原子以下的粒子）的行为和结构，根据量子理论，在次原子世界中，一个电子在任一时刻的位置和速度，只能以相关的不确定性来认识。

不确定性！"一切事情都是有原因的"原理不再是先天真理。

2.2 量子理论对西方哲学的挑战

迄今为止的西哲，认定世界是物质的，物质的运动是有规律的，意识是物质的反映。

有什么样的宇宙观念，就会产生什么样的哲学及其逻辑。西哲人追求真相（truth），捕捉确定性（certainty）如斯，他们的哲学就提炼出如下的一批关键词：to be（ontology），to exist，entity，things，object，individual，the world，true or false，certainty，knowledge，metaphysics。

西哲一口咬定，世界是客观的，是不以人们意志为转移的客观存在。

但是，根据量子理论的不确定性，我们可以发现：

第一，来自量子纠缠和海森堡不确定性的挑战

关于量子纠缠，施一公（2018）指出："两个没有任何关系的量子，会在不同的位置出现完全相关的相同表现。如相隔很远的两个量子之间并没有任何常规联系，一个出现状态变化，另一个几乎在相同的时间出现相同的状态变化，而且不是巧合。……实验验证了的。"

有科学家指出，在同源（一个系统）中的两个（以上）粒子，分发其中一个到火星上，一个在地球上，就像一对双胞胎，……有幽灵般的感应……从哲学上看，"纠缠"是看不见、摸不着的非物质存在。我想指出，而现有的西哲体系从未处理过这纠缠着的存在。怎么办？

科学家认为量子纠缠是微观粒子意识的反映。于是为"意识是宇宙的一个基本特性"提供了证据。据我的理解，那一对双胞胎举手投足同步，即是意识的同步。只有意识才能做到那种不可思议的同步。

"两个纠缠的量子，不管相距多远，它们都不是独立事件。当你对一个量子进行测定时，另一个相距很远的量子居然也可以被人知道它的状态，可以被关联地测量。很不可思议。……我相信它会无处不在，包括存在于我们的人体里。"（施一公，2018）现在西方哲学所分析与观察的一物、一事，都只是一个对象（object）的存在。这启示我们，西方哲学家研究的层次，仅仅是可见的宏观世界的一物、一事、一个对象，并没有讨论、思考微观层次里的两物纠缠性存在，更没有讨论、思考超

微观世界层次的存在。而物理学家先行了，哲学家还未跟上。

海森堡不确定性：由于微观粒子具有波粒二象性，粒子的位置和动量（速度）不能同时具有确定值。在位置被测定的一瞬，电子的位置测定得越准确，动量的测量就越不准确。反之亦然（动量测量得越准确，电子的位置测定则越不准确。）窃以为，西哲的对事物摹状追求准确与微观状态对不上号。

微观的不确定性也影响了宏观的不确定性。这样就出现了偶然、随机、运气决定事物发展结果。这与唯物主义（世界是物质的……）又是背道而驰。这与西哲追求的certainty不合，笛卡尔用I think therefore I am，也不能支持确定状，这个推断推不倒海森堡不确定性。

一旦在自然科学领域出现了重大突破，哲学的世界观就必须做相应的改变。科学史和哲学史共同揭示：牛顿经典物理学催生了辩证唯物论，量子理论必然引起唯物论的发展和完善。原有的物质同意识的关系应该重新定位。

第二，来自量子叠加与坍缩的"诡异"的挑战

物理学家用验证手段验证世界的存在，哲学家用形而上思考（通过语言表达）来描述世界的存在。正确的描述具有改变世界的力量，错误的描述具有蒙蔽世界的力量。因此，改变哲学家思考方式与验证事实具有同等巨大的力量。

关于量子叠加与坍缩：

某某在客厅里。

某某不在客厅里。

只有一个为真，这是西哲逻辑：矛盾律或非矛盾律（law of contradiction or non-contradiction）。

它说的是，对于任何一个命题P来说，P和非P二者不能在相同的时间、相同的方面为真。

量子力学却另有说法。先看薛定谔之猫（Schrödinger's Cat）实验。试验试图从宏观尺度阐述微观尺度量子叠加原理。

在一个盒子里只有一只猫以及少量放射性物质（可以毒死这只猫）。有50%的概率放射性物质会毒死这只猫，同时有50%的概率放射性物质不会衰变而猫将活下来。根据经典物理学，在盒子里的猫必将发生两个结果之一。在量子世界里，当盒子处于关闭状态，整个系统一直保持不确定性的波态，即猫生死叠加。猫到底是死是活必须盒子打开以后、外部观察者观察时、物质以粒子形式表现后才能确定。直到此时猫的生死叠加才坍缩出一种（生或死）确定态。注意：这种封闭状态下的猫状态与西方现代逻辑A是A完全矛盾的。这不是挑战吗？须知微观世界是可以影响宏观世界的呀。

西方哲学家中，没有一个人认为一个对象（object）同时存在两种叠加状态的。按奎因（1960：271）的办法，"We may have a shift from talk about an object to talk about a word"（我们可以把谈论一个对象变成谈论一个词），现在不行了。是不是应该把谈论一个对象变为谈论两个对象才能对付叠加态呢？现存哲学家中有把一物当成两物的吗？没有。这个是挑战吗？

怪不得，美国物理学家维格纳（Wigner）指出：意识可作用于外部世界（观察者可以以意识触动箱内波函数——钱注）使波函数坍缩（使叠加态缩去）。我的整个意思是，观察者可以以意识触动实验箱内波函数，当然，任何人的意识都可以触动观测对象，使对象有所改变。结论：物质世界与意识不可分割。

有科学家指出，波函数，也就是量子力学状态，从不确定到确定必须有意识参与。

也就是说，我看你一眼，就对你动了念头，就发力（放在我心上）改变了你。眼测某物就是发出能量。

3. 王阳明心学与量子理论的契合

对境无心，看花不是花，因为不动念头。电子，在你没有测量的时候,它处处都存在,也处处不存在;一旦你测量它,电子就有固定状态了。那么,对于哲学家来说,有无这种表述:既有,又无?在中国禅宗里,在有与无、善与恶、生与死之间,存在着刹那流转状 ——这是我的描摹。从庄子那里来:"方生方死,方死方生,方可方不可,方不可方可"。禅门逻辑(包括道家)是不二法门,与西方逻辑完全不同,与量子力学相近:

生⇄死　一般化:a⇄b

可→不可;符号化:

a→ ¬a

不可→可;符号化:

¬a → a

(参见《中国古代哲学的逻辑及其符号化》一文)

西方逻辑追求"是什么""不是什么";禅门逻辑追求二者中一个都不沾边,即一个都不说固在!这就是刹那流转:a⇄b。

看花不是花,因为没有动念头。对花动了念头,花就现身了,出场了。这与量子力学测量电子前后的不确定态到确定态是多么相近!

意识发动→测量→念头→客观世界(有语言使其出场)

(对象出场流程图)

王阳明友人问王:"你说天下万物都'在人心,这花开花落,与我何干?"王答:"你未看此花时,与你归于寂;你来看此花时,则此花颜色一时明白起来。便知此花不在你的心外。"观测时,加了意识(心),对象物解除寂(寞),变成确定态(一时明白起来),可见意识(心)与客观对象物不可分割,意识与现实不可分割。何来的纯客观物质世界?!

量子力学的实验,现代才发达起来,可是王阳明早在明代就有了观测心、意识使对象(花)变为确定态("一时明白起来")的思想，他只是使用了"寂"（寂寞态）这个表达式而已。中国思想家何其超前、伟大！

观察前，一物的寂状态，观察后的明状态——这就是我对王阳明心学的提炼。

寂状态好比态叠加存在，明状态好比叠加坍缩。我想指出两点：一、中国哲学史研究曾有过对王阳明心学的这类评价吗？二、术语（例如"寂状态""明状态"）的价值在于使一种状态、一个可能世界、一个事件、一个对象、一个微观世界变得明确清晰起来。我希望这是我对后语言哲学的两点启示。

量子力学遭遇中国哲学时，如王阳明的寂状态、明状态，可以发现王阳明心学的超前的穿透力。

4. 西方哲学对量子理论的回答

面对量子理论，西方哲学须给出哪些说法？

自然科学提出了世界存在的新状态，哲学家开始忙碌起来：解释世界的存在，理所应当地应对新状态做出新解释。每一个哲学体系或哲学问题，像一门学科体系一样，都是由术语结晶而成。术语是人的意识的产物，是对观测的思考性记录，因此，被术语所描述的世界存在，正如被人观测过的世界对象的叠加态坍缩一样，更不是纯客观了。

哲学给出新说法，可能有以下几点：

（1）人们的主观意识是所谓客观意识奠基于其上的基础。而且，从不确定态到确定态迫切地需要意识参与过程中（Subjective consciousness of human beings is the foundation upon which the so-called objective universe is based. In addition, the shift from uncertain states to certain ones badly needs the participation of consciousness in the process.）。所以再说"纯客观"就不纯了，宇宙不再是天然的那个宇宙，而是加上了人的意

识，又是可能被术语"二次折扣"的宇宙了。同时，确定性可以不必是哲人追求的任务，宽容不确定不得不成了哲人的胸怀了。

物质同意识的关系应该重新定位。传统西哲铁定之律"客观世界不以人的主观意志为转移"，也不能再铁了。量子实验证实，人的主观意识是所谓客观世界的一部分，前者与后者不可分割。

(2) H. Everett提出，"同一个体系的不同状态存在于不同的平行宇宙中"（Blackburn，1994：314-315；黑点为引用者所加）。请注意"不同的平行的宇宙"，那就是说，有不止一个世界。这样，西哲人心目中的the world就不够用了。

还有，超弦论（superstring theory）。在超弦理论中，四维世界被认为是一个十维世界（a ten-dimensional world）倒塌的结果，而四个基本的物理之力（引力、电磁力、强核子力和弱核子力）被视为一个基本断裂的结果。（Blackburn，1994：315）

上段中提到的超弦理论也是和量子理论极为相关的。其次提到的有四维世界、十维世界，这就值得注意了。因为我们目前在西方哲学中所反复碰到的the world这个术语，虽然包括了四个基本的物理之力，但很难说the world也涉及了四维世界和十维世界。也就是说，哲学家心目中的the world并未涉及四维与十维世界的存在。这又是一个挑战。

可以考虑，在哲学术语中，设置与the world并列的world 1、world 2、world 3……。在每一个真实的世界，设计一套哲学，避免混乱。以苏、柏、亚体系为源而发展起来的哲学，只是说明了the world。即使设想了world 2、world 3……，也未必够用。

(3) 两个阵营说法不一

哥本哈根学派（玻尔、海森堡）的解释提出了反实在论解释。这个解释宣称，量子理论并未描写这个世界存在的方式。

对方（实在论者）的解释（爱因斯坦、波普尔和普特曼）

抗辩道，一个量子系统像经典系统那样是现实地、完全地确定的，虽然我们对那个系统的所知是不确定的。（Bunnin & Yu，2001：845）

5. 结语

读者可以发现，本文除了第三部分"王阳明心学与量子理论的契合"有自己的见解（寂状态、明状态）之外，其余全是提出问题与零星的设想。但是正如Jacob Bronowski（1973：153）的诗中所言：

> 这就是科学的本质：
> 提出一个大胆的问题，
> 你就踏上了通向，
> 相关答案的道路。

参考文献

Blackburn, S. *Oxford Dictionary of Philosophy*. Oxford & New York: Oxford University Press, 1994.

Bronowski, J. *The Ascent of Man*. Boston/Toronto: Little, Brown & Co., 1973.

Bunnin, N. & J. Y. Yu. *Dictionary of Western Philosophy*: *English-Chinese*. 北京：人民出版社，2001.

Quine, W. V. *Word and Object*. Cambridge, Mass.: The MIT Press, 1960.

施一公. 生命科学认知的极限（演讲）. 未来论坛，微信帖，2018（12）–02.

中国古代哲学的逻辑及其符号化

摘　要：（1）全文从禅门逻辑入手，到庄子哲学18字逻辑新解，新在哪里？（2）中国古代哲学逻辑的形式化，"化"得对不对？以上两个问题旨在为中国后语哲寻一新路。（3）中国古代哲学这么本土化的东西，还说它与后现代思潮在六个方面耦合，道理在哪里？这个问题，还是为中国后语哲寻一新路。

关键词：中国古代哲学逻辑；本土；后现代思潮；符号化

Logic of Ancient Chinese Philosophy and Its Symbolic Representation

Abstract: Starting with the logic of Zen Buddhism, this paper proceeds to delve into the logic of Zhuangzi's philosophy and it is intended first to answer two questions: 1) What is new in its new interpretation of the logic of the 18 characters in Zhuangzi's philosophy?"; 2) Is its symbolic representation of the logic of Zhuangzi's philosophy true? Answers to these two questions are aimed at opening a new path to the post philosophy of language in

China. Moreover, why is it reasonable to claim that ancient Chinese philosophy, a philosophy with such a local nature, should couple itself with the postmodern thought in six aspects? Answers to this question are also intended to find a new way to the post philosophy of language in China.

Key words: Chan (Zen) logic; local logic; postmodern thought; symbolic representation

全文从禅门逻辑到庄子哲学的逻辑的符号化，说明中国古代哲学逻辑的符号化的可能，最后说到本土与后现代思潮的耦合。

1. 禅门逻辑的四种解释

1.1 禅门对自己逻辑的解释："不二法门"论

"佛说般若波罗蜜，即非般若波罗蜜，是名般若波罗蜜"[1] 是禅门逻辑的经典句式，从是否形成"普遍性推理的科学"形态[2]（Blackburn，1994，1996：221）来看，显然不是形式化表达。在《金刚经》中，这样的经典句式达30处之多。"佛说赵朴初，即非赵朴初，名为赵朴初"（据《羊城晚报》副刊载，毛泽东曾遇见过赵朴初，兴致勃勃地这样说）就是"双遣双非"（周昌乐，2006：25），证悟思想的句式的翻版。

请读者注意禅宗逻辑的证悟思想的经典句式与西方形式逻辑的对比：

所名A，即非A，是名A（周昌乐）

---

1 "般若波罗蜜"意为智慧达到圆满究竟的彼岸。

2 Logic. The general science of inference. Blackburn, S. *Oxford Dictionary of Philosophy*. New York & Oxford: OUP, p. 221.

与中国古代哲学家不同的是，西方的思想家却很早走出了这一步："亚氏（384-322 BC）启用了符号化方式（即"S-P模板"）来揭示逻辑推理的形式，以便能够清楚地说明什么是'必然地推导出'……最后发展出完备的现代形式逻辑"（王寅，2015）。

双遣双非的总纲是：破有又破无（即是"双遣"，双排除）。细致分析如下：

第一步，"所名A"，就是"有A"；【西方形式逻辑同一律A=A】

第二步，"即非A"，出现了第一次破A（无），即第一次遣；

有人说，这里违背了西方形式逻辑排中律（或者是P，或者是not-P，不能在同一时间和同一方面既不是P，又不是not-P）和矛盾律（对任意命题P，P和not-P不能在同一时间和同一方面为真）。我宁可认为，这里违背了同一律（即A=A，每一事物都是其所是；如果任何事物是A，那么它是A）。怎么能在第一步说"所名A"，旋即在第二步紧跟着又说"即非A"呢？那不是明摆说A ≠ A？请注意：这就是禅宗之所以为禅宗！我会在文后尤其是解释4里交代。

第三步，"是名A"，就是对"即非A"（无）的再一次破（破非A），就是双遣（即双非）。经过了两次破，看似又回到A。最终达成完备性的顿悟。如果用西方形式逻辑眼光看，说还是坚守了同一律，那么，这就不是中国的禅宗了。

更多的例子出自《金刚经》：

庄严佛土者，即非庄严，是名庄严。

如来说世界，非世界，是名世界。

所言一切法者，即非一切法，是故名一切法。（李叔同，2008：46-97）

从大量禅经、禅理、禅文献看来，禅师对禅门逻辑的解释，用的是"不二法门"。我们就用这个非常禅宗味的表达式来概括禅门逻辑。

不二法门指的是：慧能曰："佛言：善根有二，一者常，二者无常，佛性非常非无常，是故不断，名为不二。"[1] 与"常"和"无常"两端都不沾边，对二者都不承认，名为"不二法门"。

参禅时，在启发方式上，非常强调对二元对立概念的双遣双非方法。"问有（，）将无对，问无将有对，问凡以圣对，问圣以凡对，二道相因，生中道义。"[2] 周昌乐（2006：26）对此评论道："从互因性悖论来强调双遣双非方法。"我理解，互因性悖论就是，以有作无的因，以无作有的因，以圣作凡的因，以凡作圣的因，形成悖论，叫互因性悖论。以互因性悖论强调双遣双非是禅门逻辑之一法。

后期禅宗的各种接机（禅师用来渡引徒弟参悟话头机锋）方式很多：棒喝、四照用、四料简、正偏五位法、参话头、破三关、默照法……大底都是以悖论呈现。

具体的逻辑悖论形式归纳为自指式悖论、互回式悖论、常识性悖论、三关式悖论、离四句悖论。（周昌乐，2006：26-27）本文不予展开。

为何禅门逻辑难懂？

讨论它就是解释了难懂的不二法门的奇特性。我想指出的是，正是因为用西方逻辑去打量禅门逻辑（二者有冲突的一面）才平添了禅门逻辑的困难。

第一，世俗（相对于禅门与佛门）不懂禅要达至的彼岸在何处。禅的彼岸决定了禅门逻辑的超常的独特性。彼岸不同，造就了达至的方法不同。禅的彼岸在哪里？禅的彼岸，即禅的核心思想就是，道成肉身，达成真性（即真理的本性）的体悟。禅宗里的悟，是什么意思？成中英（2013：219）说，

---

1 河北禅学研究所编：《禅宗七经》，宗教文化出版社，1997，第329页。

2 同上，第361页。

"悟，就是对全体性的一种豁然贯通的认识。"

要达成"从整体上对佛性（禅性）的豁然贯通的认识"（请注意我对成中英上面定义的悄悄改造），就不能盯住局部或某一端，就不得不摒弃一切概念分别，这一点与西方逻辑迥异。

第二，由于禅门自己宣称，坚决拒绝一切概念分别，这就意味着首当其冲地拒绝二值原则（西方逻辑：bivalence）。这对于执着于非真即假（二值）的头脑（西方哲学）来说，或者对于熟悉西方逻辑的中国知识分子来说，这就产生了正面冲突性的后果。常人看来，圣与凡、善与恶、是与非、知与妄……这些二元对立分别是清清楚楚地存在着的事实。然而，禅师认为，悟出禅机，想靠概念的区分，是万万不可的妄想。禅师认为，心有所是，必有所非。若贵一物，则被一物惑。信被信惑，不信又成谤。（那就只好）莫贵莫不贵，莫信莫不信[1]。圣VS凡、善VS恶、是VS非；知VS妄……区别它们，就是执着一方，抛弃另一方的修心，这样万不能参破禅机。本文作者认为，这便是：既不是思量，也不是不思量的超思量（！），才有一天成正果（道成肉身，达成真性）。

在对待概念分别上，禅与西方的分析哲学可以说是针锋相对。后者（分析哲学）就是举起了精细分析概念（当然就要从事"概念分别"）的大旗，所谓西方语言哲学，就是"通过语言的途径（即分析词语概念的方法）去解决哲学的千年老题"（Baghramian，1999：XXX）。

第三，西方形式逻辑与禅门逻辑两者不在一个系统之内，这是引起困难的要害。前者是三段论推理、同一律、排中律、矛盾律那样的严格固定形式，禅门逻辑坚守的是不二法门，双遣双非。面目大异、几乎是风马牛不相及的两种不同的逻辑眼

---

1 颐藏主：《古尊宿语录》，中华书局，1994，第32页。

光互相打量、互相诘问对方时，就产生混乱。何来相互诘问
（逼问）？语言哲学的逻辑实证主义派的真假判断就是二值原
则，即分清真与假（真 VS 假）。而佛性是"非常非无常"或者
"非真非非真"，不二法门，双遣双非。设想，用真 VS 假逻辑
打量"非常非无常"，你能不糊涂吗？你能不急迫地追问：怎
么能够是"非真非非真"呢？又设想一下，一个禅门禅师，用
双遣双非的逻辑（"非真非非真"）死死打量"非真即假，非假
即真"，又会是一种什么样的情景呢？本来两者的逻辑不在一
个系统之内，雪上加霜的是，两者都用自己的框架去逼问对
方，那还有不困惑的吗？

1.2 周昌乐对禅门逻辑的解释：放弃论

周昌乐（2006：25）的放弃论："科学的方法是放弃完备
性来维持一致性，那么禅师们就是通过放弃一致性来达成完备
性的显现。这也可以看作是禅宗独特的逻辑思想所强调的基
点。"——这是周昌乐的放弃论，即禅宗逻辑放弃一致性来达
成禅门修炼的完备性。怎么"放弃一致性"？你看，一会儿说：
所名 A，紧接着就否认说：即非 A，然后又是紧接着否认刚刚
不久的否认说：是名 A。这三关前后都不一致。可是经过这样
双遣双非之后，达成了禅宗所需要的完备性，最后走向了：是
名 A。千万别以为是回到了原点，而是到达禅门的彼岸——
道成肉身，达成真性——禅宗所需要的完备性。简而言之，科
学的方法是放弃完备性来维持一致性，而禅门逻辑是放弃一致
性来达成完备性。

1.3 成中英对禅门逻辑的解释："禅宗对存有（being）的非承诺性"

成中英（成中英、杨庆中，2013：130）对禅门逻辑的解
释是"禅宗对存有（being）的非承诺性"。

　　成中英指出："过去都没有把禅宗里的公案的逻辑性说清楚，……一种观点认为，禅宗是非理性的、非逻辑的(illogical)。我深信我能证明禅学的逻辑性。你知道奎因[1]哲学对我影响很大，尤其是他的有关本体论的承诺的观点。我认为禅宗是对任何存在都采取了一种非承诺的态度，我用那个对存有的非承诺性（existential non-commitment）作为第一原则，它相当于我们现在用的'无执'这个概念，我用'非承诺'描述它。其实在大乘佛教的发展历程中，有一个问题始终解决不了，就是如何面对'有'，禅宗的'非承诺'很有特点，因为'非承诺'，所以山是山，水是水；山不是山，水不是水；山还是山，水还是水。在语言上面就可以应用一种自由组合的诠释逻辑。这样在认识论上就变成了一个不执着原则：既能认识这个世界的变动性，又能完全无执地去理解一个空灵的世界。然后我引进一个随缘创造原则（contextual reconstitution）为第二原则来说明公案悖论的转化。"

　　成中英确实把禅宗的逻辑说清楚了一半。没错，对一切存有都不承诺。可是，对"非无常"；对"问有将无对，问无将有对"；对"以有作无的因，以无作有的因"，对"不信又成谤。（那就只好）莫贵莫不贵，莫信莫不信"——还是"无"类（非、不、莫等等），成中英的第一个原则（对存有的非承诺性）都不起作用了。那么，用他的第二个原则【随缘创造原则（contextual reconstitution）】怎么样呢？我的回答是，如果一个原则讲context（随缘），对语用学推理很方便，但是，那将对"逻辑是普遍性的推理科学"（general science of inference）的普遍性形成了动摇，一旦那个"随缘"找不着，就不能"创造"了。因此，随缘创造原则对禅门逻辑的"无"是不方便的。

1　请参见Quine：ontological commitment, Tanesini, A. 2007: 111；又参见Quine 1948。

1.4 本文作者对禅宗逻辑的新解释

我的解释分三个方面：

第一，我承认禅宗对"存有"取非承诺态度（成中英运用奎因理论解释）很有见地，但我强调的是：对"无"亦取非承诺态度，尤其是事物永远流动，永不栖息于某一端的流动论（源于庄子18字论的启发）。成中英指出了禅宗对一切"存有"都不承诺的态度，请注意，他的非承诺的对象仅仅是对"存有"。那么，禅宗如何面对"无"呢？成中英未提及。禅宗如何对"无常""不贵""不信"？本文作者要强调的是，禅宗对"无"也取非承诺的态度。莫贵莫不贵，莫信莫不信，不圣非不圣，不善非不善，不是非不是；不知莫不知。让我们暂时撇开前面的"莫贵"，只看后面的"不贵""不信""不圣""不善""不是""不知"……已经是"无"了，禅门还是不承诺"无"，在其前还是要追加上一个"莫"或者"非"，于是就成了"莫贵莫不贵，莫信莫不信"……。这样，对"无"一类也做了不承诺态度，便补充了成中英第一原则，也避免了成中英第二原则（随缘创造）的不方便。

揭橥于庄子（齐物论，2010：124）18字论断的一段话如下：

> "物无非彼【那一面】，物无非是【斯，这一面】。……彼出于是，是亦因彼。彼是【彼与斯】，方生【方作旁，依靠，方生，即并存】之说也。虽然，方生方死，方死方生。方可方不可，方不可方可。因是因非，因非因是。"

全段的意思是，各种事物无不存在那一面，各种事物也无不存在这一面。……事物的那一面出自这一面，事物的这一面也起因于那一面。那一面与这一面，相互并存，相互依赖。虽然如此，刚刚产生旋即死亡，刚刚死亡旋即又复生。刚刚肯定旋即否定，刚刚否定旋即又肯定。依赖正确一面的同时也依赖了谬误的一面；发生谬误的同时也跟上了正确的一面。按我的理解，庄子极为深刻难得的认识是：一物，莫不存有两面。尤其重要的是，18个字：方生方死，方死方生。方可方不可，方不可方可。请注意这四对"方……方"！它们描述了事物永远流动，绝不停歇于两面中的某一端，"刹那流转"（本文以此名概括18字思想，将在3.1里展开）！这个思想，用现代科学的观点解释，事物对立面的两面（生与死、可与不可，等等）的力量是一种矢量，是总在流动的矢量（有方向的流动力量），彻底拒绝执着于某一端，也就是说，永不栖息于某一端，刹那流转。这种认识，从战国时代就有，禅宗的所谓双遣双非，不过是对庄子"刹那流转"（试比较 Whitehead 的 flux、issue[1]）的全"钵"继承。我们可以说，所谓两个不承诺，也就是对事物永远流动永不栖息于一端的流动状态。刹那流转——禅门逻辑形成了一致的事物流动状（下见4.1）。

本文作者以为，以"禅宗对'存有'与'无'均不承诺论，尤其是，事物永远流动，永不栖息于两面中的某一端的流动论解释禅门逻辑，这种新解释有四个一目了然的意义：(1) 它们正确地解释了禅门逻辑的源头很可能在战国庄子的18字论，即事物永不栖息于一端的流动的思想。(2) 它们圆满地解释了禅宗修行"坚决拒绝一切概念分别"，既不承诺"圣"，也不承诺"凡"；既不承诺"善"，也不承诺"恶"；……(3) 它们究竟地解释了禅宗的世界观——世界具有变动性与空灵性；(4) 它们彻底地凸显了禅宗"古怪的"经典句式的真实目的是达到它的彼岸——"从整体上对佛性（禅性）的豁然贯通的认识"（成中英、杨庆中，2013：219），不要只盯住局部或一端。

---

[1] 仅以"流动"的英文表达而论，Whitehead 在 1929 年的写作中使用 flux，过了 39 年之后的 1968 年的写作中使用 issue。

任何宇宙观在思想中结晶的时候,如果采取了形式化的表达,那才能算具有了现代形式逻辑的主要特征。但是,本文作者以为,尽管没有走到完全形式化,古代禅宗也确有独特但明确的形式逻辑特征:一、同一个经典句式在《金刚经》中出现了30多次,二、它总是保持了主要语言形式——"佛说/所名XXX,即非XXX,是名XXX"——不变,那就表明,它的推理就已经上了普遍性的(general)层次。

第二,逻辑与宇宙秩序。人们应该如何思考的逻辑,就是人们对宇宙秩序或者对世界结构怎么观察与理解的一种形式化的表达。于是,人们持有什么样的宇宙秩序观和世界结构观,就有什么样的逻辑表达式。在禅师的心目中,宇宙的次序(或者世界的结构),就是事物永远流动,绝不静止于某一端,就是世界具有变动性与空灵性。——本文作者的这一思想,其意义在于,比较圆满地解释禅门的"古怪"逻辑来自他们独特的宇宙秩序观与世界结构观,可能是对逻辑的认识的深化。

第三,禅门逻辑既具有形式逻辑的特征,也具有辩证逻辑的特征。成中英指出,"辩证法在思维当中,特别强调事物的变化性,它把变化性当作它的一个主题。形式逻辑则是要废除变化性,脱离变化性,脱离一个变的世界,那完全就是纯粹抽象出来一个概念。"(成中英、杨庆中,2013:280)我们先说禅门逻辑废除变化的一面:它的经典句式"所名A,即非A,是名A",在任何地方都是一个老样子,这很清楚。再说它的变化的一面。在"所名A,即非A,是名A"经典句式中,第二步与第一步不同,第三步与第二步又不同。这就是变化性。那么,这个变化是否表现出对"无"的不存诺?是!先看第一步肯定A,第二步旋即否定A,第三步"是名A"是对第二步否定的立即再否定,即肯定。请注意,这三步,没有一步是多余的。须知,禅宗对"存有的非承诺态度",就在这第二

步表现出来。第三步最有禅宗味，正因为它对"无"（即非A）
也不存诺，那便立即发展到"非非A"，写成"是名A"，表面
上看似回到原点的"是名A"，其实是对"即非A"的立即的、
毫不含糊的不承诺态度。这是成中英未提及的，却非常重要。
说它重要，是因为双遣、双非、破两次，不二法门，才能完成
一个完整的禅门思考过程。遣一次、非一次、破一次，那只是
不承诺存有，还不是全部的禅宗，还不是禅宗的完整的过程。
禅宗的完整过程是对存有、对"无"都不承诺！——这就是禅
宗逻辑的辩证性特征。两种逻辑的特点都具备，这样认识的意
义在于，认识了禅门逻辑的独特之处。

　　需要说明的是，"不二法门"其实也是对两者都不承诺的。
它与西方形式逻辑不同的只是，中国禅宗，不像西方哲学那样
对"存有"情有独钟，可以说，它的态度是：万事皆空。

　　窃以为，这三个发现较为成功地符合了禅门逻辑的事实与
规律。

2. 中国古代哲学逻辑的符号化表达式

　　基于上面的种种分析，我们可以建立禅门逻辑的符号化表
达式如下：

　　$a \to \neg a \to \neg \neg a$

　　对以上逻辑表达式的说明：按照逻辑符号，p、q代表任
意命题，A、B代表任意集合，a、x、y代表集合中的元素。故
我们对禅门逻辑的符号化重写，只能用a，因为禅门逻辑的经
典句式里，a代表的基本上是名词性词组，不是集合，也非
命题。其中，→读作"然后"或then。也可读作"变成"或
becomes。这刚好如4.3节的观点，即"第三方面，禅门逻辑既
具有形式逻辑的特征，也具有辩证逻辑的特征。"

　　请读者注意："$a \to \neg a \to \neg \neg a$"这样的逻辑符号表达式，

在西方逻辑里找不到，但在中国禅宗逻辑里非有不可。不然就没有禅宗味了！它表达了对"无"的不承诺，对非的否定。我们相信，a→¬a→¬¬a这个形式化表达，比较圆满地体现了"不二法门"，还体现了本文作者对禅门逻辑的三个方面的新解释是成功地符合了这个逻辑的事实与规律的，即禅宗对"存有"和"无"皆取非承诺态度（成中英，钱冠连）。尤其是，事物永远流动，永不栖息于某一端的流动论（庄子），反映了禅门对宇宙秩序（世界结构）的理解与认知；而且，还发现禅门逻辑既具有形式逻辑的特征（不变），也具有辩证逻辑的特征（变化）。

3. 庄子哲学的逻辑的符号化

我们还是以最具庄子特征的18字为代表：方生方死，方死方生。方可方不可，方不可方可。其符号化表达式如下：

a→b，b→a

a→¬a，¬a→a

上式中，→读为"瞬间流转"

我们须注意，庄子是中国古代哲学中最具代表性的人物之一。对他的逻辑进行符号化表达具有突出的意义。在此取得突破之后，其他古代哲学家都可循样一试。这种突破性意义怎么强调都不过分，因为逻辑能以符号化表达式表达，是其普适性最具说服力的证明。

4. 中国古代哲学的逻辑（本土）与后现代思潮在六个方面（正好在核心处）耦合

4.1 中国古代哲学逻辑与过程哲学的耦合

Whitehead的过程哲学的核心命题"All things flow."与中国庄子（道家最重要的代表人物之一）18字哲学思想（即刹

那流转）以及此后的禅宗逻辑，对于世界的流动性与过程性的肯定，有着惊人的一致性，惊人的不谋而合。按时间看，庄子所处战国时代在先，Whitehead在后。由此发现Heidegger重视东方尤其是中国道家哲学思想资源（Heidegger，1971：1-54）就毫不奇怪了。尤其要指出的是，在明确地宣称过程思想靠拢印度与中国这件事上，Whitehead绝不落后于Heidegger。Whitehead（1978：7）宣称：

"In this general position the philosophy of organism seems to approximate more to some strains of Indian, or Chinese, thought, than to Western Asiatic, or European, thought. One side makes process ultimate; the other side makes fact ultimate."

印度或中国思想把过程推向极致；西亚或欧洲思想把事实推向极致。何其中肯，何其深刻！这个判断，使我们发现，建立在事实基础上的中国经验科学在相当长时间内的不发达，并未妨碍《易经》、老（子）庄（子）哲学、佛学—禅宗等中国哲学思想在观察宏观宇宙的灵动性上走在世界的前列。"刹那流转—禅门逻辑"是标志性成果之一，《易经》、老子、佛学（佛学是哲学，佛教是修炼）另有标志性成果。

4.2 中国古代哲学逻辑与宇宙流动论

"刹那流转—禅门逻辑—过程思想"可以形成宇宙流动论的核心思想。我们可以观察到，过程哲学的关键词，几乎可以完全在禅门逻辑内找到对应的、可资融合的概念。如过程哲学的flux（to flow）、process、transition（流转）、immediacy（刹那）、changing（to change）（Whitehead，1968，1978），可以完全融合到禅门逻辑的"刹那流转"概念里。因而，"刹那流转—禅门逻辑—过程思想"就可以形成宇宙流动论的核心。几乎此全篇论文都在论证这一思想。

4.3 禅门逻辑的二元解构观

现代主义思潮解构二元对立，这与禅门逻辑高度一致。禅宗从不在二元（圣 VS 凡，善 VS 恶，是 VS 非；知 VS 妄，等等）中区别出一元来。禅宗从不承认对立着的"元"，而是永不栖息于一端的流动。用"刹那流转"解释二元无对立，就更是直观了：刹那就流转了，没有形成"元"的时间！而过程哲学则用 prehension（摄入）概念来消解二元。物质摄入精神，精神摄入物质。Whitehead 指出，"表达式具有主词—谓词形式是一个应该被否定的流行思想习惯。"（1978：2-1-5，Preface）他在解释摄入时，说道："一种现实存在被另一继生的现实存在'摄入'或'感受到'。"那就是说，所谓的主词被谓词摄入了，因而主、谓二者的对立就不存在了。同样的摄入原理，可以解释禅门为何不区别"圣 VS 凡，善 VS 恶，是 VS 非；知 VS 妄，等等"二元。

4.4 中国古代哲学逻辑与否定性思维

后现代思潮与禅门逻辑都强调否定性的思维方法。"让这些哲学家走到一起来的是一种共同的思维方式——后现代思维方式。这一思维方式是以强调否定性、非中心化、破碎性、反正统性、不确定性、非连续性以及多元性为特征的。"（王治河，2006：8）如果我们说禅门逻辑与后现代思潮全面合拍，那肯定是个笑话。但禅宗逻辑与后现代思潮却在思维方法上合拍，比如强调否定性。在 a→￢a→￢￢a 这个禅门逻辑的形式化表达中，最醒目的是流动的中心环节￢a。比如"看山不是山，看水不是水"，等等。"一句话，把川流不息的、活生生的实在肢解成一堆堆毫无生气的碎片。而唯有直觉才能绝对地完全把握变动不居的实在。"（王治河，2006：112）禅门看待世界就是靠他们的流动视觉，好像是对"存有"（being）承诺（"看山是山，看水是水"），其实是不承诺（"看山不是山，看水不是水"），最后是对"无"也不承诺（"看山是山，看水是水"），接着对 ⌐a 又来一次否定 ⌐⌐a，只是又开始了一个新过程。这个世界才是川流不息的、活生生的实在。

4.5 逻辑是后现代思潮与中国哲学 Duang 融合的精彩例子

"禅宗对'存有'、对'无'均不承诺论"，以及"宇宙的事物的永远流动，永不栖息于两面中的某一端，认为世界具有变动性与空灵性，"是后现代思潮与中国哲学（禅宗）的 Duang 融合的精彩例子。我们特别强调中西哲学的整合性与圆融性。我们感觉到，西方形式逻辑（二值原则等等）与中国禅门逻辑相交、跳动、蹀躞，是两种逻辑处在"Duang 融合"过程中。这里的"Duang 融合"可以理解为"碰撞融合"（王寅，2016）。

4.6 逻辑与建设性后现代主义

继承了宏观宇宙灵动性深厚传统的中国后语言哲学，有着先天倾向来与建设性后现代思潮合流。中西两种逻辑同时在生活证悟那里发生"Duang 融合"过程，是两种逻辑正在互相碰撞、互相包容、互相丰富的过程，是后语言哲学参与建设性后现代主义思潮的行动过程，同时也是建设性后现代主义与禅门逻辑相互开放与包容的过程。而建设性后现代主义有什么样的基本特征？王治河把 11 个思潮[1]归宿到后现代旗下，"把后现代的主要的、最有意义的特征界定为一种态度，一种向他者（the other）开放的态度，这要求一种海洋般的心胸"（王

---

[1] 11个思潮是：非哲学、非中心化思潮、反基础主义、非理性主义、后人道主义、解构主义、视角主义、后现代解释学、多元论、后现代哲学史编纂学、反美学。而对于非哲学，梅洛－庞蒂的解释是："真正的哲学嘲弄哲学，因为它是非哲学。"转引自王治河（2006：33）"'非哲学'并非是一种哲学流派，它是一种思潮，一种思维取向，一种态度，一种对传统'哲学'观念进行非难的态度"（王治河，2006：316）。

治河，2006：316）。因此，我们再次强调中西哲学的整合性与圆融性，后现代主义的建设性。后语言哲学（如本文使用汉语语料，是后语言哲学的最明显的标志之一）在试探过程中，也事实上领略到建设性后现代主义思潮具有向他者开放的态度。通过本文论证，我们发现，继承了宏观宇宙灵动性深厚传统的中国后语言哲学有着先天倾向来与建设性后现代思潮合流。

由此，生出一个必须回答的问题：后现代思潮是对现代主义的麻烦的反思，它自然地借用了近代、现代、当代的针对形而下的事实进行的实验科学的判断（"it makes fact ultimate"）。然而，古代的中国哲学家、思想家们，无法借用实验科学的判断，却为何能与后现代思潮在关键问题上有那么多的耦合呢？回答是：中国哲学家、思想家们，根据对人体的、世间的、地面的变化的观察，根据对天空的局部范围的观察，主要依靠形而上玄想、推测、比拟、归纳与演绎，做出了符合规律的关于宇宙结构的判断与结论。哲学必须是形而上的思考，这种思考，不是非借助实验科学的手段不可。对形而下的事实进行的分析与判断，是经验科学要回答的问题，可不是哲学的任务。旁证是，西方分析哲学即语言哲学用近百年的时间赶走了的形而上学，还是打回了哲学老家。（但是语言哲学产生智慧的这段历史，永远不能取消，永远值得研究。）

5. 结论

本文对中国古代哲学逻辑提出新解释的三个方面，指出它的宇宙秩序观。在上述种种分析的基础上，试图建立它的符号化表达式，那便是 a→¬a→¬¬a 及 a→b，b→a；a→¬a，¬a→a。

本文试图建立的逻辑形式化表达 a→¬a→¬¬a，比较圆满地体现了"不二法门",还体现了本文作者对禅门逻辑的三个方面的新解释是成功符合这个逻辑的事实与规律的,即禅宗对'存有'和'无'皆取非承诺态度(成中英,钱冠连),尤其是,事物永远流动,永不栖息于某一端的流动(刹那流转)论(庄子),反映了禅门对宇宙秩序(世界结构)的理解与认知;而且,还发现禅门逻辑既具有形式逻辑的特征(不变),也具有辩证逻辑的特征(变化)。

中国古代哲学逻辑(本土)与后现代思潮在六个方面(正好在核心处)耦合:(1)Whitehead的过程哲学的核心命题"All things flow."与中国庄子18字哲学思想(即刹那流转)以及此后的禅宗逻辑,对于世界的流动性与过程性的肯定,有着惊人的一致性,惊人的不谋而合。(2)"刹那流转——禅门逻辑——过程思想"可以形成宇宙流动论的核心思想。(3)现代主义思潮解构二元对立,这与禅门逻辑高度一致。(4)后现代思潮与禅门逻辑都强调否定性的思维方法。(5)逻辑是后现代思潮与中国哲学Duang融合的精彩例子。(6)继承了宏观宇宙灵动性深厚传统的中国后语言哲学,有着先天倾向,来与建设性后现代思潮合流。

2016.9.11

白云山下

参考文献

Baghramian, M. (ed.). 1999. *Modern Philosophy of Language*. Washington, D.C.: Counterpoint.

Blackburn, S. 1994. *Oxford Dictionary of Philosophy*. Oxford: Oxford University Press.

Heidegger, M. 1971. *On the Way to Language*. New York: Harper & Row Publishers, Inc..

Quine, W. V. O. 1948. On What There Is. In *From a Logical Point of View*: *Nine Logic-Philosophical Essays* (2nd rev. edn.). Cambridge, MA.: Harvard University Press, 1980.

Tanesini, A. 2007. *Philosophy of Language A-Z*. Edinburgh: Edinburgh University Press Ltd.

Whitehead, A. N. 1968. *Modes of Thought*. New York: The Free Press.

Whitehead, A. N. 1978. *Process and Reality*: *An Assay in Cosmology*. New York: The Free Press.

成中英，杨庆中. 2013. 从中西会通到本体诠释——成中英教授访谈录 [M]. 北京：中国人民大学出版社.

李叔同. 2008. 李叔同解经 [M]. 西安：陕西师范大学出版社.

王寅. 2015. 现代形式逻辑入门（尚未出版）.

王寅. 2017. 哲学与语言学互为摇篮 [J]. 外语学刊，第 2 期.

王治河. 2006. 后现代哲学思潮研究（增补本）[M]. 北京：北京大学出版社.

周昌乐. 2006. 禅悟的实证：禅宗思想的科学发凡 [M]. 北京：东方出版社.

庄子. 2010. 老子·庄子（国学典藏书系）[M]. 长春：吉林出版集团有限责任公司.

赜藏主（编集）. 1994. 古尊宿语录 [M]. 北京：中华书局.

"马"给不出马的概念

——谓项与述谓的哲学意蕴

摘　要：概念是怎样生成的？ Frege认为，"（一个）概念就是（一位）谓项的指称"。同样重要的是，他指出，"一个概念不能由一个主项表达式所指称出来。"针对这句话，Blackburn的解读是："这样一来，我们就陷入如此悖论：一匹马的概念不是一个概念"。本文作者的修正性解读是：既然概念本身不是（一个）词，概念在词之外，那么"马"给不出马的概念。Blackburn所说的马的"悖论"并不存在。Tanesini指出，"谓项是表达式用来赋予事物性质与关系的逻辑范畴"。Blackburn指出，述谓是给主项词配给谓项。

我们梳理出谓项的哲学含义有：（1）谓项是让概念出场的关键词语（"马"之所以给不出马的概念，是因为谓项尚未出场）；（2）用了谓项，才得以表述出事物的性质和它们之间的关系，这才出现思想；（3）述谓是人们用来对世界各种类型的存在（实体、虚体，现实世界、可能世界、必然世界）的判断。

承接上述，没有谓项，概念生成不了，命题也生成不了，从而思想也生成不了。当然也就没有知识的、理论的、人的理性认知与道德的构建与积累。述谓是人类思想生成与积累的主要方式——这一点，恐怕Frege当初没有想到过。

关键词：概念；谓语；述谓；主项词

"Horse" Gives No Concept of a Horse
—Philosophic Significance of Predicate and Predication

Abstract: How is a concept generated? Frege pointed out that "a concept is the reference (Bedeutung) of a one-place predicate". What is also similarly important is that he held that "it (a concept) cannot be referred to by a subject term". As for this point, Blackburn explained that "we thus get the paradox that the concept of a horse is not a concept". This author opposed himself to the above with his amendment that, since a concept is not a word (as a subject in a sentence) and, naturally, a concept is beyond a word, so "horse" gives no concept of a horse. What is called "paradox" by Blackburn does not really exist.

Tanesini pointed out that "predicate is the logical category of expressions used to attribute properties and relations to things". Blackburn said that "predication is to predicate something of a subject or subjects".

The philosophical significances of predicates the author has explored here are: 1) a predicate is key words which make a concept of a subject present. The reason why "horse" gives no concept of a horse is that any predicate is not yet present after "horse"; 2) a statement has some property or stands in some relations, if and only if its predicate is present after the subject. Thereby, we gain a complete thought of the statement; 3) a predication is used to judge various kinds of existence in the world including concrete entities vs. abstract ones, realistic world, possible world and necessary world.

Consequently, there is no concept, nor proposition, then, nor thought without predicates. Of course, finally, there is no construction and accumulation of knowledge, theories, human rational cognition, and morals without predicates. Predication is the main way for human beings to generate and accumulate thoughts. This was perhaps beyond the expectation of Frege at his days.

Key words: concept; predicate; predication; subject

1. 概念及其生成

在现代心智哲学与语言哲学中，概念（concept）有了新的意义，即说某个个体具有一个概念，也就是把一套能力赋予那个个体。遂有如下结论：某人具有马这一概念，某人就必须能够辨认出马匹来，知道马是动物，如此等等。（Tanesini，2007：28）可是，"对于 Frege 来说，一个概念就是从一个对象到一个真值（为真或为假）的一位函数（one-place function[1]），它（概念）就是诸如'... is red'或'... is British'一位谓项（one-place predicate）的指称"（Tanesini，2007：28）。

Frege 在这段话中，对概念从两个视觉进行解释：概念既是对象与真值的一位函数，又是一位谓项的指称。这句话揭示出概念怎么生成的：概念……是一位谓项的指称（请注意本文的展开）。

"一位函数"是什么意思？一个对象配一个真值，对象变了，对那个对象形成的命题的真值也变化了。X（对象）变，Y（真值）也随着变。The sun is red. 其真值为真。Snow is red. 其真值为假。这种变化是因为对象变化引起的。

---

1 有人把 function 译为函项，我主张译为"函数"或"变换项"，因为 Frege 把数学引进哲学研究是有意而为之，故此译正合他意。函数：在相互关联的两个数中，如甲数变化，乙数亦随着甲数的变化而变化，则乙数称为甲数的函数。

让我们聚焦一位谓项"... is red"只空出一个位置让一个对象（表概念的那个词成为言说的对象）去占领。"一位谓项"之说，由此而来。

Frege 指出"（一个）概念就是一位谓项的指称"，那么一定是一位谓项指称概念，用二位谓项、三位谓项不行吗？事实上，在涉及这个问题的时候，有的学者如 Blackburn 就只说"一个概念就是它被一个词语尤其是被一个谓项所理解。"（Blackburn，1994：72）上述说法中，没有限定这个谓项只能是"一位"谓项。从理论上看，不限定一位谓项是对的，排除二位、三位谓项是不可想象的。但是 Frege 为何只点出"一位谓项的指称"去配合一个概念？我猜想 Frege 的意思是：从 The sun is red. 中一眼看出"... is red"指称 The sun (!)，因为"... is red"只空出一个位置让一个对象（表概念的那个词）去占领。只有一位谓项才能确保它描述的对象（即主项词）是唯一的对象。

Frege 所谓"（一个）概念就是一位谓项的指称"，主要有两个启示。第一，不仅名称或名词可以有指称（指向外部世界某对象），谓项（系词或动词）也可以有指称。第二，谓项的指称不指向句子之外的外部世界某对象，而是把指称"送给"主项表示的概念。概念是由谓项送来的！支持我这一看法的是利科（2004）的论断："在语言中，述谓的含义是通过谓词 P 去述谓作为主词的 S，主词因而获得由谓词的意义所赋予的意义"。

有学者这样解释概念与谓项的关系："一个概念就是被一个词语尤其是被一个谓项所理解的东西[1]"（Blackburn，1994：72）。这个观点显然与 Frege 一致。如果我们要问：有什么证明一个人是否具有某一个概念呢？Blackburn 的进一步辩说正好回答我们的设问："具有一个概念就是在做判断时能够利用一

---

1 原文：A concept is that which is understood by a term, particularly a predicate.

个词语去表达这个概念[1]"（Blackburn，1994：74）。综合以上两人的叙述，可简言为：概念是一套被理解的东西，即由一位谓项指称出来的、词语背后的一套知解能力（如某人具有马这一概念，某人就必须能够辨认出马匹来，知道马是动物，如此等等），因而概念本身不是一个词，概念在人的脑子里，概念在人的认知能力中；但是，可以利用词语去表达概念。

我以为，这样综合的优点是：（1）进一步揭示概念是如何生成；（2）明确概念与词语不可分割的关系；（3）但又明确概念本身不是词语。"在Frege语义学中，一个概念就是一个谓项的指称，且它（一个概念）不能被一个主项词（a subject term）所指称。"（Blackburn，1994：72）Frege本人在On Concept and Object中，在论及概念与对象的区分时指出："谓项是不完全（incomplete）表达式……谓项指向（refers to）概念，而概念自身具有'非饱和性（unsaturated）'，且它（概念）不能由主项表达式（subject expressions）指称出来。"

合观以上两处，最难理解也是最妙的一句话就是：概念不能由主项表达式指称出来。这等于是在说，在The sun is red.中，关于the sun的概念不能被the sun所指称！是的，Frege就是这个意思。占据着主项词位置的the sun的概念不是由自己给出的——主项词不能表示自己的概念，主项词的概念是由谓项（比如"... is red"）指称出来的。由此，任何概念都不能由一个名称或名词指称出来。这一命题非常深刻，谓项的哲学含义由此渐渐清晰起来。谓项是让概念出场的关键词语，让概念出场是谓项的哲学含义之一。

"谓项是不完全表达式"何意？一方面，在The sun is red.中，is red不能完全描述the sun的性质，太阳不仅仅是红色的，太阳的全部性质必须由许多命题中的许多谓项描述才能穷尽，

---

1 原文：To possess a concept is to be able to deploy a term expressing it in making judgements.

比如还可加上 ... is nearly round，... is of very high temperature...；从理论上来说，the sun 后面的谓项有许多。我们的意思是，必须由整体论（另外的许多句子）来完成对太阳的较为完整的叙述。另一方面，即使就在 The sun is red. 单句中，is red 不能完全表达一个完整的意思，它必须和其前的 the sun 合起来形成一个叫 unity 的东西，即"句子合成体"（见后）。

"谓项指向概念"，颇中肯綮，与上述"一个概念就是一个谓项的指称"互相发明，两者实质一样。谓项对准概念展开，概念的实际内容由谓项揭示。"概念自身为'非饱和的'"，它的含义还是回到那句非常深刻的命题："一个概念不能被一个主项词所指称"——主项词不能表示自己的概念，主项词的概念由谓项指称出来。既然概念等待着谓项来"喂饱"，那么，"概念自身为非饱和的"就很好理解。

Blackburn 误读"一个概念不能由主项表达式指称出来"（Frege，1960）。他提出一个解读："这样一来，我们就陷入如此悖论：匹马的概念不是一个概念"[1]（Blackburn，1994：72）。我们知道 Blackburn 这样解读的意思，但窃以为他解读出来的"悖论"是不存在的！我们下面要提出一个修正的说法，但我们在此不论，继续我们的论证。

那么，"马"的概念是由什么充实（饱和）起来的呢？

请看下例：

马是单蹄的、食草的、家养的哺乳动物。

马有平滑的马鬃与马尾。

马可供人骑。

马能赛跑。

马用来驮重。

……

---

1 原文：We thus get the paradox that the concept of a horse is not a concept.

上面每一命题中的斜体都是用谓词进行述谓。"马"是命题中的主词。直到把所有的述谓说完,马的概念才饱和起来。"马"是不能给出马的概念的,马的概念是由诸种述谓合力充实的。这就是我的修正性解读。我们怎么能得到有关马的许多性质及它与其他事物的关系?回答只能是:一个概念是由许多谓项共同饱和起来的。由此,谓项的哲学含义之一的另一个说法是:谓项使主词的概念由空到实。

只要我们接受"一个概念是由许多谓项共同饱和起来的"这一事实,自然就会想到,一个句子,不能由名词堆砌组成。"一个概念为非饱和的,这一概念可以解释句子合成体(unity),句子合成体避免把句子当成名词的堆砌。"(Blackburn,1994:72)既然句子不是名词的堆砌,最显然的办法是:加进系词或动词这样的谓项。于是,句子是主词项(名词)与谓项的合成体。(请见下面"命题的合成体")这个结论,其哲学意义重大,下面还要说到它。

即使在 The sun is red. 和 The horse is dapple. 这样的合成体句子中,也改变不了主词项的非饱和性质,也改变不了谓项的不完全表达式的性质。由主词项的非饱和性质与谓项的不完全表达式的性质造就的开放性,不但不是问题,反而成为追求思想丰满的源泉。主项词(如 The sun)永远等待许多谓项(如 is red,……)去描写、去丰满。这种由谓项发出的描写与丰满的过程可称之为述谓(predication)。

2. 谓项与述谓

"把握的谓项(predicate)多,从而便于述谓(predication)",与此并行不悖的是,谓项的哲学含义与述谓(过程)的哲学含义是同一的。

"谓项是表达式用来赋予事物性质与关系的逻辑范畴,它把性质与关系赋予事物。一个谓项的外延是隶属于其下的诸种事物的集合（the class of things）。于是，谓项 "is red" 的外延就是红色事物的集合（太阳、中国结、朱砂……），而关系 "is the capital of" 的外延却是有序对（ordered pairs）的集合，它的第一个成员是首都，第二个成员是相关国家。"（Tanesini，2007：120-121）世界上一切红色事物都集合在 is red 的外延之下；而所有首都与相关国家都集合在 is the capital of 的外延之下。

在哲学家眼里，对事物性质和关系的表述使用谓项这一逻辑范畴。谓项指向什么呢？上面说"谓项的外延"就是在说"谓项的指称"，即谓项伸长、延展、指称到本句中的主项与外部世界的诸事物的性质与相互关系上。这为我们概括出谓项的哲学含义之二提供了基础。

如果我们说出一个长长的名词+名词+名词+名词……系列，这里却看不到事物的性质及其关系，等于什么思想也没说出来。人们使用谓项才得以表述出事物的性质和它们之间的关系来，这才出现思想。谓项的哲学含义之二就在这里。Blackburn（1994：298）认为："一个谓项表达被指称的实体可能满足的一种条件，在此种情形下，所得到的句子为真。以此种理由看，一个谓项可以看成一种由诸种事物到句子甚至到真值的函数。"在前文提到 Frege 说，"一个概念是从一个对象到一个真值（为真或为假）的一位函数"，概念反映对象到真值的变化关系。谓项也是一种函数，谓项反映事物到句子（及真值）的变化关系。

以上是对谓项的理解。那么，述谓是怎么一回事呢？

Tanesini（2007：121）论述述谓是这样的："述谓的问题又可以称为命题的合成体（unity）问题。一个句子或一个命题不是名称的堆积，它是一种合成体。"他继续说道，且看 Tony Blair is British，我们把主项词（Tony Blair）当成一个个体的名称，又把总称词（British）看成一个共相（a universal）的名称。我们需要解释，这两者是怎样合成起来的？如果回答，他们是因事例列举（Tony Blair，British是一件一件的事例列举）的关系相关起来的，于事无补。因为这样回答只是提出另外一个后续的问题：Tony Blair，Britishness（英国性）与事例列举是怎样的联系呢？"Frege宣称，……某些哲学家确认概念的非饱和性质，正是这种非饱和性质用系词把命题合成一体（the unsaturatedness which unifies the proposition in the copula）。"（Tanesini，2007：121）Tanesini所谓的"述谓的问题又可以称为命题的合成体（unity）问题"太过书卷气，我对此的直白解读是：系词出场，把主词与谓项合成一体，句子合成体的出现过程是述谓（过程）。

实质上，Blackburn对述谓的解释是to predicate（配给谓项），这就更为明白："给一主项词（或几个主项词）的事物配给谓项就是把它们描述成具有某些性质或者让它们嵌入某种关系中"（Blackburn，1994：299）。我建议，更为干脆的说法是：述谓就是给主项词配给谓项。其实，给主项词配给谓项仍然是担心把句子看成不过是一串名称的堆积。否则为何给句子配备谓项（系词或其他动词）呢？

3. 讨论与结论

我们受到Frege的启发，得到的谓项的三个哲学含义是：

（1）谓项是让概念出场的关键词。这一含义的另一个说法是：谓项使主词的概念由空到实。Blackburn所谓Frege"一个概念不能由主项表达式指称出来"导致"一匹马的概念不是一个概念"悖论，是Blackburn误读。他的曲解，其咎之一，在于把词本身当成概念。好像horse一出口，它的概念就出来了；之所以有此假象，那是因为我们此前已经积累、熟悉与彼相关的述谓。面对一个你从来没有听说过的名称，比如"畬"，此前你没有积累过与彼相关的述谓，你还能够一见汉字就立刻知道它的概念吗？相当多的人不知道[1]。不知概念在词外，概念在人的知解能力中；其咎之二，没理解Frege所说"概念是谓项的指称"，也即主项表达式的指称是由谓项送出来的。我提出对这一"悖论"的修正性说法"'马'给不出马的概念"与他的曲解恰好针锋相对：概念不在当主词的名称身上，概念在词之外（在人的脑子里），一物、一事的名称本不是概念；那物、那事的概念由其后的谓项给出。

（2）人们使用谓项才得以表述出事物的性质和它们之间的关系来，这才出现思想。

（3）述谓是人们用来对世界各种类型的存在（实体、虚体；现实世界、可能世界、必然世界）的判断[2]。

只有名词的堆砌而无谓项的话，我们只能得到无事件、无行为、无思想的符号堆砌。没有谓项，句子合成体生成不了，概念也生成不了；没有谓项，命题也生成不了，从而思想也生成不了。接下来，当然也就没有知识的、理论的、（人的）理性认知与道德的构建与结论。于是我们可以进一步说：光说语言完成知识的、理论的、理性的与道德的构建与积累，意义不算太大，要说述谓过程现身才完成以上的构建与积累，才算是有实质上的意义。述谓是人类思想生成与积累的主要方式——这一点，恐怕Frege当初也没有想到过。

---

1 现在，我对它进行述谓。畬 [shē]，是焚烧田里的草木，是用草木灰做肥料，是一种原始耕种方法，是……

2 这三个哲学含义自然都是语言学家不关心的。

参考文献

Blackburn, S. *Oxford Dictionary of Philosophy* [M]. Oxford & New York: Oxford University Press, 1994.

Frege, G. On Concept and Object [A]. In Geach, P. & Black, M. (Eds.) *Philosophical Writings of Gottlob Frege* [C]. Oxford: Basil Blackwell, 1960.

Tanesini, A. *Philosophy of Language A-Z* [Z]. Edinburgh: Edinburgh University Press, 2007.

利科. 活的隐喻 [M]. 上海：上海译文出版社，2004.

（原文首发于《外语学刊》2015.5）

从西方的分析哲学到中国的后语言哲学

1. 理论背景

1.1 中国哲学向分析哲学的方法论上的转变

分析哲学在中国的传播，滥觞于20世纪30年代。近十年来，我们见证了分析哲学急剧发展甚至可以说是繁荣的局面。

我们有必要就中国哲学家的研究方法来做一个简要的反思，因为过去的研究方法深深影响着现在对分析哲学的研究方法。江怡指出，第一种传统方法可标签为引进与梳理，已故著名哲学家胡适使用的就是此法。此类哲学家的行动纲领事实上是"我注六经"。循此路径，现代哲学家涂纪亮、江怡与朱志方等人对分析哲学遵循着引进与梳理的模式。第二类策略可标之以分析与批评，已故的深有影响的哲学家冯友兰常用此法。循此路径的现代哲学家有张志林、陈嘉映以及徐友渔等等，对分析哲学采取了分析与批评之法。第三类可表述为"深入阐发"。事实上，第三派哲学家的纲领是"六经注我"。诸如叶秀山、周国平等当代哲学家遵循此法。他们主张，哲学是为哲学家服务的。他们抓住西方哲学的话题，专注于发挥自己的思想。有时，他们的发挥甚至超出了西方思想的本身。更有甚者，他们"故意地误解"（不是贬义）西方哲学。本文作者提到这三类方法，本意不在分出优劣，我们不能阻止任何人从上三者中选择其一。比如江怡择其一与二，因为他认为前两者是真正地研究西方哲学。我们相信，此话不虚，但谁也不能否认第三类是启发思考，虽然有时这种思想的引发有点偏离了西方哲学的轨道。

中国哲学家并不认为对分析哲学具有自己独特的研究方法。他们直到目前为止所采用的西方哲学的方法论主要还是来自西方。也就是说，他们不得不用分析哲学所特有的方法来处理分析哲学。在中国，一直流行着所谓的"跟着说"，然后是"接着说"。江怡认为，这一路子是引进分析哲学的方法，不是研究分析哲学的方法。我深以为然。

江怡（1999）指出，中国传统哲学中实证原则与科学精神的缺乏，毫无疑问会使分析哲学的研究跟着别人走。这就是为何我们过去的分析哲学主要是引进与介绍而无原创、为何我们不能直接与西方分析哲学家对话的原因。但是，近十年情况起了很大的变化。本文作者提请读者注意"不能直接与西方分析哲学家对话"这一措辞。正是为了扩大这种直接对话，本文作者才在本文详细地介绍今日之中国出现的"后语哲"的情况——一种尝试性的对待经典分析哲学的进路。

有一种意见认为，如果说中国搞分析哲学的哲学家有自己的方法的话，那么这便是强调概念分析，而不是逻辑分析。精细地梳理一个概念的意义，真正地弄清一个命题，是分析哲学之为分析哲学的真谛。概念分析的代表人物是张岱年，其代表作是《中国古典哲学概念范畴要论》（1989），而逻辑分析的主要代表人物是江天骥，其代表作是《当代西方科学哲学》（1984）。

在严谨地观察了概念分析与逻辑分析的结合之后，江怡在他的论文集《思想的镜像》中提出了他所谓的"哲学拓扑学"（Philosophical Topology）。"哲学拓扑学"奠基于逻辑分析而不是概念分析。这就是说，我们必须把思想本身从逻辑上搞得更为清晰，更为有效。江怡认为，概念分析要求的是表达明晰，而逻辑分析要求的是表达的有效性。另外，他说，我们要特别注意以西方哲学中的某些方法，特别是分析哲学中的分析方法，来处理中国哲学问题。这样，我们才能够取得具有普遍意义的哲学思想。

我们都知道，只是在不久以前，哲学仅仅是大学哲学系或哲学家的事情、与外语界教师无关的状况才开始改观。

1.2 中国：从做分析哲学的特别范式到后语哲

在我看来，分析哲学与语言哲学几乎是一回事。我这样说的依据是，《西方哲学英汉对照辞典》（Bunnin & Yu，2001：755）说："近代语言哲学由哲学的语言性转向引起，其基础是这样一种假设，即所有的哲学分析都可归结为语言分析。广义上而言，语言哲学几乎是分析哲学的同义词。"他们的看法与我的观点合拍。

同时，"语言哲学"（philosophy of language）可以与"语言的分析哲学"（analytic philosophy of language）互换，后者强调的是分析传统。

一般地说，"语言哲学"涵盖了英美传统的"语言的分析哲学"与欧陆阐释传统的语言哲学。

现在让我们来看看中国做分析哲学的特殊范式，即，一部分人偏向分析哲学，另一部分人偏爱语言哲学。这种区分看起来真是有点奇怪，但自有其缘故。

近15年来的进展令人鼓舞，由于外语教师异军突起地参与了语言哲学活动，语言的分析哲学的发展在外语界掀起了新的高潮。这支新兴力量走上前台。过去，外语教师没有受过哲学训练。但是最近15年来，他们在与分析哲学有天生联系的语言学的压力之下，不得不研究起语言哲学来。所谓"在语言学的压力之下"，指的是，外语教师踏着语义学与语用学的足迹直接跟踪到了分析哲学。其结果是，中国出现了做分析哲学与做语言哲学各有偏爱的特别范式：注意并且去做分析哲学（而不是语言哲学！）的人主要是有哲学背景的哲学家（如果他们在大学，则被称之为"哲学教师"），对比看来，注意并且去做语言哲学（而不是分析哲学！）的人主要是有外语研究背景的教授（如果他们在大学，则被称之为"外语教师"）。这并非偶然，事情就是这样：作为语言教师的外语教师爱语言哲学。一句话，这个奇怪的范式来自不同的职业视角或者哲学优选，也就是说，有哲学背景的人看同一件事（"语言哲学几乎是分析哲学的同义语"！）带着分析的优选，而有外语背景的教师看同一件事却带着语言优选。

带着语言视角或语言优选且从事语言哲学的外语教师可暂时称之为外语界的语言哲学家。在国内，后语哲正是涉及这样一大批外语界的语言哲学家。断言在中国从事语言哲学（分析哲学）的人数众多，原因就在于此。在世界范围内，没有哪一个国家有着比中国更多的人在做语言哲学的。我们对如此多的人以不同的方式研究语言哲学可以置之不理吗？

2. 中国的后语哲（Post-Analytic Philosophy）

2.1 中国的后语哲的总体思路

后语哲是对经典分析哲学的一种态度，不是研究方法。因为分析哲学所固有的方法已经确立，那便是"语言分析"（the analysis of language）（Bunnin & Yu，2001：755）以及"将谈论对象变为谈论词语"（Quine，1960：56）。进一步说，语言分析必须是充分的语言分析。据杜世洪介绍（2010），分析哲学的首要工作，如果不是全部工作的话，还是通过充分的语言分析来进行穷尽性的概念研究。充分的语言分析就要求概念的明晰，这是他的分析哲学口号中三个关键词——求真、希望与明晰（Faith，Hope and Clarity）——中分量最重的一个（Brandom，2008：213）。总而言之，后语哲的方法依然是语言分析，在这一点上与经典分析哲学并无不同。

这样一来，后语哲与经典分析哲学相同之处，是两者都沿着同一条路径：从语言入而从世界和人的思想出。

后语哲与经典分析哲学相异之处何在？

钱冠连（2007）最初提出的后语哲思路只有三条。此后，经过王寅提议改造以及钱自己的修改，形成目前的样子：

（1）吸取西语哲（分析传统和欧洲传统）的营养，但不跟着它的老问题走，而是节外生新枝；

（2）这个新枝是从日常生活中寻找出一个一个具体语言问题；从词语分析（形而下）找入口，从世界与人的道理（形而上）找出口，关注入口与出口，找到哲学所需的普遍意义；

（3）鼓励选题与风格多样化；

（4）重视汉语，实现西语哲本土化。

上面这四点是后语哲的核心[1]。

王寅（2011）从上面四点中归结出四个原则：研究上的创新、方法上的分析、研究风格的多样化以及中西哲学合璧。

2.2 后语哲中的"后"

据杜世洪（2010）援引卡茨（Katz，1990）、乌姆森（Urmson，1992）（见Rorty，1992）的看法，"后"意味着分析哲学在经历了五个阶段之后进入了一个新的阶段。杜世洪进一步认为，在此新的阶段中，概念分析应该从维特根斯坦（Wittgenstein，1975，1980，1986，1998）那里下来直到旨在处理汉语中的哲学问题的现代中国学者这里。

---

1 这个思路尚有不完善之处，本文最后给出一个修正的后语哲四原则。

奎因被认为是终止分析传统的哲学人物，但他同时也仍然被视为有影响的分析哲学家，是西方哲学发展的里程碑式的人物。杜世洪认为，中国的后语哲有另外一个里程碑式的哲学家布兰顿（Robert Brandom）的味道，此人的分析实用主义正在给哲学的分析传统加油、打气。换句话说，布兰顿可能被认为是美国的后语哲的代表人物。

按麦克道尔（John Mcdowell）的描述，布兰顿正在做的事是强行地将健康的实用器官移植进分析哲学这具腐朽的尸体中（Brandom，2008：202）。很显然，在罗蒂和麦克道尔的眼中，分析哲学已经死了。那么现在，中国学者做的事就是给所谓死去的分析哲学注入新力。钱冠连、王寅、刘利民、杜世洪、霍永寿等所做的各种实验可以称之为后语哲。

对经典的分析哲学，我们用"后"来巩固其强项，避免其弱点，具体地说，它之强项在语言分析，弱项是分析的结果往往只是看到了分析而没了哲学，或者说，只是看到了分析而没有构建。那么，钱的后语哲的四条原则中的第一条，老树发新枝，就是一种能产型的建议，具有建设性。钱的第四条关注汉语，恰好与布兰顿（Brandom，2008）异曲同工，布兰顿主张语言分析的最佳选择是母语，只有母语使用者才能抓住哲学问题。幸运的是维特根斯坦具有同一立场。

2.3 中国后语哲的几个案例

下面几个案例，作者认为可用来解释中国后语哲的基本元素。

2.3.1 王寅的案例

传统哲学主要持"单项理解模型"，即从感性到理性，或理性到感性；后来发展出"双向理解模型"，即主客互动，或主主互动，这两者都留下了很多难以解决的问题。王寅

（2010；39；2011）基于体验哲学（Embodied Philosophy）提出了"体验性普遍观（又叫体验人本观）"，且在此基础上提出了SOS多重互动理解模型（简称SOS理解模型），以期能解决传统理论留下的难题。他还运用一首唐诗《枫桥夜泊》的40篇英语译文来进一步论证这一新模型。

SOS，正如我们所理解的，强调了人与事物之间的多重互动关系，其中的两个S（subject即主体或人）面对着相同的O（object课题或事物）。根据体验哲学，人们的概念和认知来自对外部世界的互动体验和认知加工，这个相同的O是人们得以形成共识的基础，两端的S正可表明后现代人本主义，突出了人们认识世界的主观因素。该模型一方面批判了忽视人本精神的客观主义哲学理论；另一方面也从理论上澄清了部分后现代学者过分强调人的因素的倾向，忽视人们得以认知世界和相互交流的客观基础。

人们为什么能够相互理解，对相同的客体获得共识？首先，人们面对着相同的认识对象，即SOS理解模型中的"O"；其次，人们具有相同的身体结构，且这些结构的功能也相同，自然就会获得许多相同或相似的概念；最后，这里的两个S，并不是仅指两个人，而是代表许多人，他们在此基础上进行着真正的互相交流和协商。正是在这三者的基础上，保证了同一首唐诗《枫桥夜泊》的40个英语译本有着基本相同的主要内容，他们都将其译为"枫桥夜晚停了一条船"，且尽量反映出张继的感受。尽管40个译本在一定程度上存在种种差异，但不能否认它们仍在很大程度上反映了基本的观点、印象和情感。因此，激进人本观必须加以限制。

王寅对同一唐诗多种不同译本的研究有力地支持了他的SOS理解模型，也证明了汉语也可以用于论证在英语背景下所形成的西方哲学。

王寅认为，体验人本观和SOS理解模型也是后分析性的语言哲学的一项研究成果。

2.3.2 刘利民的案例

刘利民（2007）在重释先秦名家工作中面对的问题是，对于先秦名家，人们分别从哲学家、逻辑学家、科学家等不同的视角进行认识，其中不乏相互矛盾的解释，且无一能够完整而融贯地说明名家所有"诡辩命题"的含义。这显然说明关于名家思想的解释框架是有问题的。名家的重释非常重要；正如冯友兰指出，如果忽略名家，则中国传统哲学更觉畸形。因此，这是一个关系到中国是否可能具有西方哲学意义上的哲学这样一个根本性问题。刘利民的解决方案即是运用"语言操作三模式论"对名家进行重新阐释。

人是理性的动物，其理性体现于"求知"的本能。人通过"说"获得的"知"可以是关于实在之物的、关于物的概念意义的和关于语言意义本身的这三个层面，因而人的概念性思维也就体现为不同模式的语言认知操作。这三个模式各自具有不同的语义类型和属性：

（1）具体实在模式。这一语言认知操作的典型问题是"这是什么"。在这个模式中，语言使用者关注的是某个具体的"这个"意味着什么。换言之，人试图认识的是事物的现象；"这个"的意义的确定具有验证刚性，即语词意义之为真直接由经验所确定。

（2）抽象概念模式。这一语言认知操作的典型问题是"这个性质是什么"。这个模式明显聚焦于理解实在之物的本质意义，但关于"这个性质"的意义的确定却只有验证弹性，即关于语词意义之为真的认识是间接的，且是有待修改的。

（3）纯语言反思模式。这一语言认知操作的典型问题是"所'是'者是什么"。这一模式即是人类关于"是"之为"是"本身，即关于存在的本质本身的思辨。关于"存在的本质"本身，显然不可能用经验来直接或间接地确定，只能以逻辑思辨的方式进行审查。

纯语言反思作为一种逻辑模式是具有全人类普遍性的。一切民族，无论他们使用什么语言，都能够进入这个认知模式，催生本民族的理性主义思想。只不过由于语言形态的不同，各民族通向理性主义思想的路径并不一定相同。

中国先秦哲学高度重视语言问题，但并未从一开始就进入纯语言思辨模式，因为古汉语缺乏句法形式。然而，先秦哲学家们的确就"名"的意义确定性问题进行了反思，就"名"与"实"、"言"与"行"、"言"与"义"等问题展开了辩论，焦点在于语义的产生以及语言的社会作用。先秦名家的纯语言反思也就诞生于传统中国哲学的第一场大辩论中。名家成了"专决于名"，即一门心思思辨语义确定性问题的哲学流派，其特征是（1）对传统、常识的背离与挑战；（2）与现实无直接关涉的纯语言性反思与追问；（3）古汉语特色的对于所"是"以及所"足"如何为真的追问。因而，名家的哲学不是对于实在的关注，也不是关于具体概念的关注，而是聚焦于语言和语言使用所展现的人类思维的原则。

基于此理解，刘利民重新解释了先秦名家思想家的所谓"诡辩"命题，尤其是惠施的"历物十事""辩者二十一事"以及公孙龙的命题，如"火不热""龟比蛇长""白马非马"等等。其研究认为这些命题并非诡辩，而是由追问"名"的意义确定性而产生的富于分析理性的思想命题。例如，"火"在此并不指称客观实在中的火，而是指称火的概念的名称。名家显然提出，一个物的概念与该物本身并不是一回事；他们论证的对象并非客观存在之物，而是概念的本质。这一点在"龟比蛇长"命题中更为明显，因为这是关于"长"这个形容词的本体论地位的思辨："长"既可以用来描述时间属性（延续），也可以描述空间属性（长度），那么"长"之为"长自体"到底是什么？这是非常重要的哲学追问。"白马非马"命题也是如此，因为公孙龙已经意识到"马"作为概念是无色的，而"白"则应该以"白自体"作为其本体论依据。他的推理或许有其自身的问题，但他的思想是很清楚的：即关于名称意义本质的思辨。这无疑是语言哲学的思维方式。

先秦名家哲学家力图追问的是，人类以"说"所获得之"知"的普遍性、必然性和确定性。如果名家不是受到封建主义的学术加政治专制的致命打击，那么中国传统哲学史可能表明先秦名家所走的是具有古汉语语言特色的通向理性主义的道路。须注意，先秦名家的哲学不仅仅是与现代分析哲学在精神气质上碰巧吻合。如果说西方语言哲学是西方哲学从本体论到认识论之后的继续发展，那么中国传统哲学本来或许可以以语言哲学反思为起点，走上同样的道路，发展出与西方哲学问题本质上相同的本体论和认识论哲学。

2.3.3 杜世洪的案例

汉语"假装"一词当动词使用时暗含着两个问题：第一是"假装+动词"构成的双动词结构的表面语法问题，如"假装摇头"（有趣的是，明明显示出摇头，怎么可能"假装"？——钱注）、"假装喝水"等；第二是关于"假装"本身能否被假装的形上之思的问题，即"假装假装"有无可能。这两个问题并非汉语所独有，奥斯汀《假装》一文对"假装"进行了详细的概念考察，对这两个问题有所提及，但没有回答清楚。此外，奥斯汀认为一个人是否在假装，常常显而易见。奥斯汀的这一断言留下了另一个值得思考的问题：如果某人在进行隐蔽性假装，那么他的假装是不是真的显而易见呢？

为了回答以上问题，杜世洪就假装做了概念考察，发现假装之所以成为假装必须满足四个条件，而这四个条件也是衡量假装是否可能的标准。在这标准下，汉语的"假装假装"和奥斯汀的"pretending to pretend"虽然在句法上有表达的可能，但在事实上却不可能，他们没有语义实质。"假装摇头"和"假装喝水"虽然在表面语法上看似有问题，但实质上，"假装"和"摇头"或"喝水"不属于同一性质的动词，前者属于判断，后者属于描述，各有主体。至于假装时明显不明显这一问题，要分两类：一类是公开的假装，这是明显的；另一类是隐蔽的假装，这类假装秘而不宣。最后，杜世洪得出结论说：人类的假装只能在能力控制范围内进行，不存在超出控制力的假装。

2.3.4 钱冠连的案例一

汉语里的人自称（第一人称）指称数目巨大，多达108个（此笑话流行于外国学生之中，比喻多，但不是实在数据）。对比之下，同一个物体名称的最大数目可达至三个左右。在这个巨大的不对称中有何哲学意义，如果有的话？本文作者论证，汉语第一人称的巨大数目在哲学上没有普遍意义，具有哲学意义的是以上两者（第一人称指称数目与物体指称数目）之间的不平衡性、不对称性。

第一人称指称数目与物体指称数目不对称的意义在于，第一，这样的不对称表现了人对自身存在的自关心。换句话说，第一人称的高度复杂性预设了人的高度复杂性。第二，人的自关心与他对物的关心之间差异的意蕴是，"我"对语言的复杂诉求最终可以看成是人对自己的优先彰显，这是不能用Frege的呈现（"表征"）方式（mode of presentation）和认知内容（cognitive content）解释得通的。第三，这样的不对称暗示了汉语里的"我"变体与海德格尔式的此在可以互相呼应，因为"'我'是此在的基本属性"（Heidegger，1999：152）。在海氏的《存在与时间》里，人的优先地位的取得是通过第一人称的变体实现的。于是，汉语第一人称的变体（人自称）不过是

"对自己存在的解说"！

假若某物在一种语言里的指称方式多有变体（三个或更多），该物的存在和出场会比它物得到更多的张扬。人对世界一人一物的称呼语描述，其实是以自己的眼光干涉其中的。

一则流传在海外华人中的笑话，即《洋人求学记》，作为本文主要语料（此处略，请参见本书《人被称与物被称的数目的巨大不对称》中108个"我"变体）。

2.3.5 钱冠连的案例二

《语言：人类最后的家园——人类基本生存状态的哲学与语用学研究》（钱冠连，2005）也是一本后语哲之作。另外一本专著《语言全息论》（钱冠连，2003）亦是如此。

3. 与后语哲并驾齐驱的其他语言哲学研究

我国大多数学者在分析与阐释传统的语言哲学研究上，风格是多样的。

他们与钱冠连、王寅、刘利民、杜世洪、霍永寿的研究多有不同。他们虽从经典分析哲学中拿来老问题（或自找问题），可是在说自己的话，走自己的路，多有创造。例如林允清、成晓光、梁瑞清与王爱华等等，是他们中的优秀代表。

李洪儒是欧陆阐释传统的语言哲学的成功的代表人物。隋然在以俄语为背景的语言哲学中做出了好的成绩。

现提供两个案例研究：林允清的研究和梁瑞清的研究。

林允清的研究主要有两个方面：一是对乔姆斯基普遍语法的研究，二是对后期维特根斯坦哲学的研究。

关于乔姆斯基普遍语法理论研究，近几年他发表了3篇重量级论文：What is really wrong with universal grammar?，A refutation of universal grammar，Methodological confusions in universal grammar。研究成果的主要观点就是普遍语法这个理论是错误的。其错误的根本在于乔姆斯基的研究方法是错误的，利用其研究方法不可能发现大脑中的先天语法规则。

成果的研究方法是指出乔姆斯基的研究方法和经典科学的研究方法之间的根本差别，从而揭示普遍语法的根本错误。普遍语法研究和经典科学研究都是根据数据说话，都是试图从数据中找出规律，但是经典科学考虑物体行为的影响因素，而普遍语法却不考虑影响因素，这就是它们之间的根本差别。这个差别导致经典科学研究是可取的，而普遍语法研究是不可取的。

近些年来，他还致力于后期维特根斯坦的哲学研究，取得了突破性的成果，发表了4篇重量级论文：Wittgenstein's private language investigation，Wittgenstein on understanding as a mental state，Wittgenstein on the impossibility of following a rule only once，Wittgenstein on thinking as a process or an activity。成果的主要观点就是维特根斯坦的哲学理念和他的哲学实践没有冲突。维特根斯坦的哲学理念是哲学只是陈述众所周知的事实，不作任何假设，不说任何有争议的话。但绝大多数研究者都认为维特根斯坦在处理具体哲学问题时没能做到这些。他的研究表明维特根斯坦的理念和实践是一致的。

成果的研究方法是遵循维特根斯坦的教诲，聚焦词语的使用。维特根斯坦指出：词语的使用有相应的语法规则，而且这些规则都是众所周知、无可争议的。他的研究细致地分析"名称""理解""思维"和"遵守规则"等词语的相关使用方法和语法规则，从而解释维特根斯坦就是利用这些无可争议的语法事实去化解相关哲学问题的。

梁瑞清的第一个研究是2011年发表在 *Language Sciences* 第33期上面的"Digitality, granularity and ineffability"一文（教育部人文社会科学研究青年基金项目资助），主要学术观点包括：（1）言不尽意问题对Roy Harris所谓的"交际神话"（communication myth）构成了严重挑战，但是所有传统的有关言不尽意的论题（如词汇不可说论题等）在某种程度上都是误入歧途的；（2）语言与经验之间确实存在着一条难以逾越的"描述性鸿沟"（descriptive gap），因为即便对于一个理想的说话人来说，感觉经验的现象内容（如咖啡的芳香）由于无法被语言穷尽性地编码或表征从而在某种意义上来说是言不尽意的，或者说是现象不可说的（phenomenally ineffable）；（3）现象不可说主要是由于人类语言具有数码性（digitality）和颗粒性（granularity）的特征，一般在说话人意图用语言来充分表征感觉经验最细腻的现象内容时出现；（5）现象不可说不能被传统的语言图像论（包括语码观）所解释，但可以由语言地图说加以合理的解释。（Liang，2011）

第二个研究是他作为国家社科基金一般项目的结项专著《语义知识论——经验主义的视角》（尚未出版），从经验主义知识论的角度对词汇语义知识的来源、构成和理解等问题进行了较为深入的哲学和语言学研究，该研究基于对象指称和属性指称的区分提出了多模态语义学，从而对词汇习得和隐喻理解等提供了一个完整的经验主义解释框架。多模态语义学认为，词汇本身表征了经验对象不同模态的现象属性，这些多模态的现象属性在不同的语境中表现为不同模态的现象信息，构成了词汇丰富的语义成分。以"她的脸像苹果"为例，其中的"苹果"可能表征苹果同一模态（视觉模态）的不同现象属性，如红色的属性或圆圆的属性，该句因此在不同的语境中可能表示"她的脸红红的"或"她的脸圆圆的"等意义。

以上两例，是在国外期刊上发出声音的人，亦是我们共同的骄傲。

4. 后语哲的修正原则

毫无疑问，汉语对经典分析哲学的介入促进了中国后语哲潮流。这样的介入既无害于纯语言反思操作模式，无损于哲学中的普遍的人文精神，也无损于所谓的哲学理性。"由于语言形态的不同，各民族通向理性主义思想的路径并不一定相同。"（刘利民，2007）一句话，汉语在严格坚持语言分析与发现问题上是有效的。

综上所述，我们给出修正的后语哲四原则如下：

（1）吸取西语哲（分析传统和欧洲传统）的营养，坚持语言分析，但不跟着它的老问题走，而是节外生新枝；

（2）这个新枝是从日常生活中寻找出一个一个具体语言问题，从词语分析（形而下）找入口，从世界与人的道理（形而上）找出口，管住入口与出口，找到哲学所需要的普遍意义；

（3）鼓励选题与风格多样化；

（4）重视汉语，实现西语哲本土化。

参考文献

Brandom, R. B. *2008. Between Saying and Doing*: *Towards an Analytic Pragmatism*. New York: Oxford University Press.

Bunnin, N. & J. Y. Yu. 2001. *Dictionary of Western Philosophy*: *English-Chinese*. Beijing: People's Publishing House.

Heidegger, M. 1999. *Being and Time* (translated by John Macquarie & Edward Robinson). Beijing: China Social Sciences Publishing House, Chengcheng Books, Ltd. Reprinted from the English Edition by SCM Press Ltd., 1962: 152.

Katz, J. 1990. *The Metaphysics of Meaning*. Cambridge, Mass.: MIT Press.

Quine, W. V. O. 1960. *Word and Object*. Cambridge, Mass.: MIT Press.

Rorty, R. 1992. *The Linguistic Turn* [C]. Chicago: University of Chicago Press.

Urmson, J. O. 1992. *The History of Analysis*. In Rorty, 1992.

Wittgenstein, L. 1980. *Culture and Value*. Oxford: Blackwell.

—. 1975. *Philosophical Remarks*. New York: Harper & Row Publishers. Inc..

—. 1986. *Philosophical Investigations*. Oxford: Basil Blackwell.

—. 1998. *Remarks on Colour*. Oxford: Blackwell.

杜世洪. 关于假装的语言分析和概念考察——对中国后语言哲学的一个思考 [J]. 外语学刊. 2010年第2期.

江天骥. 当代西方科学哲学 [M]. 北京：中国社会科学出版社，1984.

江怡. 分析哲学在中国 [J]. 中国社会科学，2000年第6期第六卷.

—. 思想的镜像 [M]. 合肥：安徽人民出版社，2008.

刘利民. 在语言中盘旋：先秦名家"诡辩"命题的纯语言思辨理性研究. 成都：四川大学出版社，2007.

钱冠连. 语言全息论 [M]. 北京：商务印书馆，2002（一版），2003（二版）.

钱冠连. 语言：人类最后的家园——人类基本生存状态的哲学与语用学研究 [M]. 北京：商务印书馆，2005.

钱冠连. 西语哲在中国：一种可能的发展之路. 外语学刊，2007年第1期.

钱冠连. 人自称、人被称与物被称 [J]. 语言哲学研究第一辑. 北京：高等教育出版社，2010.

王寅. 主客主互动理解模式（SOS）：理论建构与语料实证 [J].

语言哲学研究第一辑. 北京：高等教育出版社，2010.

一. 中国后语哲与体验哲学：九论语言学的新增长点 [J]. 外语学刊，2010年第2期.

张岱年. 中国古典哲学概念范畴要论 [M]. 北京：中国社会科学出版社，1989.

（原文首发于《语言与价值》，江怡、Ernest Lepore 主编，
中国社会科学出版社，2017）

后语言哲学参与第二次哲学启蒙

　　摘　要： (1) 我们适时地赶上了第二次哲学启蒙。下列（本文没有回答的）三个新问题可以帮助我们深入理解第二次哲学启蒙：其一，什么是笛卡尔和康德式的基础主义和二元论？解构性后现代主义解构了基础主义和二元论的一统天下，人们仍然认为解构性后现代主义在思维模式上没有跳出第一次哲学启蒙的窠臼，这是为何？其二，什么是过程思想与有机思维？第二次启蒙为何要欣赏与倡导它们？其三，建设性后现代思维是什么？它为何呼唤第二次哲学启蒙？(2) 对语言哲学【(the) philosophy of language】进行概念分析，为引出后语言哲学进行必要的铺垫。(3) 指出"后语言哲学" (the post-analytic-philosophy of language) 的基本思路，阐明它可以参与建设性后现代主义思潮的潜质。(4) 简要揭示后语言哲学参与建设性后现代主义思潮的行动业已开始；第二次哲学启蒙不能再让西方文明唱独角戏，需要唤醒华夏文明参与其中的意识。(5) 语言哲学家在第二次哲学启蒙的时点上如何自处。

　　关键词： 第二次哲学启蒙；后语言哲学；建设性后现代主义；华夏文明参与意识

On Participation of the Post-philosophy of Language in the Second Philosophy Enlightenment

Abstract: (I) We have timely caught up with the tide of the second philosophy enlightenment (the SPE，hence). The following three questions (which, however, will not be immediately answered in this paper) may inspire us to know about the SPE. They are: 1) What are foundationalism and dualism proposed by Descartes and Kant? The deconstructive postmodernism (the DPM, hence) has deconstructed all the empire of the two, but people still regarded that, in terms of ideological model, the DPM did not yet break from the set pattern of the first philosophy enlightenment. What is all this about? 2) What are the Process Thought and the Organic Thinking? What is the reason why the SPE appreciates and advocates those two? 3) What is the constructive postmodernism (the CPM, hence)? Why does it call for the SPE? (II) We will give the concept analysis of the philosophy of language so that we are going to prepare for the necessary stage for the post-philosophy of language (the PPL, hence). (III) We will point out the basic thought train for the PPL so that we shall work out potentialities for the PPL to take part in ideological trend of the CPM. (IV) Now, the participation of the PPL in the career of the CPM goes into action in China. It is high time that we had the consciousness for the Chinese civilization to take part in the career of the SPE and that we were reluctant to see that, once again, the Western civilization puts on a one-man show at the very beginning of the SPE. (V) How should philosophers of language conduct themselves at the very beginning of the SPE? In one word, we will respect any academic personality and, therefore, we will see flowers of every kind be in bloom.

Key words: the second philosophy enlightenment (the SPE); the post-philosophy of language (the PPL); the constructive postmodernism (the CPM); the consciousness for the Chinese civilization's participation

1. 我们适时地赶上了第二次哲学启蒙

美国中美后现代发展研究院王治河先生给上海中西语言哲学高层论坛（2015.10.17）的贺信给了我们及时雨般的信息。其贺信主要信息摘取如下：

在过去的几个世纪中，由于西方启蒙哲学（着重号由引者加）的影响，笛卡尔和康德式的基础主义和二元论一统天下，当代的解构性后现代主义虽然走向另一个极端，但在思维模式上依然没有跳出第一次启蒙的窠臼。因此我们的时代迫切需要建设性的后现代思维，而建设性后现代思维则呼唤第二次启蒙。

如果说第一次启蒙是西方文明的独唱的话，那么第二次启蒙则是中外众多文明共同谱写的交响乐。她十分盼望中国学者的参与。

第二次启蒙欣赏过程思想，倡导有机思维。将过程思维运用到语言学中，就是将一切存在看成生成中的存在，都看成"动在"。这需要我们用"水"的隐喻代替"镜子"的隐喻。意识到不仅意识是流变的，而且语言也流向创造性的未来。人的每一个符号不管多么私密或表面上与世界如何疏离，永远是镶嵌在时间中的，永远是变化的、多元的，永远是在运动和生成中的，这呼唤我们用一种动态和多元的目光看语言。

而有机思维则要求我们摒弃实体思维，将一切存在看作关系性的存在，将一切存在看作"互在"，把人与自然、主体与客体、经验与语言看作一个紧密相连、密不可分的有机整体。它们之间相互蕴涵，相互影响，相互成全。

不难看出，第二次启蒙在根底上推崇的其实是一种"中道"。这与以非此即彼为特征的凡事爱走极端的现代西方思维形成鲜明对照。作为拥有《易经》的民族，中国人血液中流的是过程思维和有机思维的文化基因，这使我们可以在第二次启蒙中大显身手。在西方人所深度纠结的主客关系、思维与存在的关系、语言与经验的关系、理性与感性的关系、语（言）与主（体）关系等问题上都可以创造性地走出一条新路，建设性地贡献出自己的智慧。

期待有一天你们能把大会开到美国来，让世界见证中国语言学家和语言哲学家的魅力。

我们的感觉是，我们赶上了第二次哲学启蒙，我们应该参与谱写第二次启蒙的交响乐，并奏出和谐的乐章。

为了迎接第二次哲学启蒙，窃以为，下列几个新问题虽然不是本文需要回答的东西，但无疑可以帮助我们深入理解第二次启蒙：第一，什么是笛卡尔和康德式的基础主义和二元论[1]？解构性后现代主义解构了基础主义和二元论的一统天下，人们仍然认为解构性后现代主义在思维模式上没有跳出第一次哲学启蒙的窠臼，这是为何？第二，什么是过程思想与有机思

---

1 什么是二元论？Dualism："假设在某些领域，事物（thing）分为两种（two kinds）可称之为二元论。相对照的观点是，事物唯一种（only one kind）可称之为一元论。最著名的例子是身一心二元论，与一元论对比言之，是唯心论（only mind）或者唯身论（only body or matter）"（尼古拉斯·布宁著，余纪元译，2001）。请对照：Dualism："实在由两种基本实体组成（...reality is composed of two kinds of fundamental entities...），其中任何一种都不能还原为另一种"（Blackburn，1994，1996）。此外，还有笛卡尔的心一身二元论、性质二元论、罗素的因果二元论、柏拉图的感觉世界和理念世界、康德的对象世界和本体世界……

维？第二次启蒙为何要欣赏与倡导它们？第三，建设性后现代思维是什么？它为何呼唤第二次哲学启蒙？

2. 语言哲学的概念分析

对"语言哲学"进行概念分析可以帮助我们准确理解后语言哲学，继而由此加入建设性后现代大潮中去。

什么是语言哲学？它的定义不是（the）philosophy + of + language 叠加。正如汉语中的"吃饭"≠吃 + 饭（其实，吃的菜比饭讲究得多，对菜的在意程度也比饭大得多）。"吃饭"的概念是从事实中描写出来的，即谓项与述谓的哲学功能。须要指出的是，我们要谨防现成的任何名称或者名字都可能掩盖它后面的事实。语言哲学的说法是，词语的概念不是词语自身给出的，而是从它的（理论上无穷个）谓项通过述谓给出的（Frege，1960；钱冠连，2015a）。

试看述谓是怎么给出语言哲学的概念的（Baghramian，1999；Martinich，2001）：

——（是）ontology 和 epistemology 两个阶段之后的一个阶段，即是说，the linguistic turn（语言性转向）；

——19 世纪末到 20 世纪 70 年代发生的一段哲学运动与思潮；

——以 Frege 为奠基人的那段哲学潮流；

——不耐烦 metaphysics 和讨厌 idealism、又没有自己的典型问题的、只是"用语言的方法重铸哲学的千年老题的"哲学；

——分析传统（意义上）的哲学（philosophy in the analytic tradition）；

——其核心内容为（语言）意义与指称的哲学；

——Moore、Russell 和 Wittgenstein 等哲学家所研究的哲学；

——至少包括41个经典问题的分析哲学；

——从20世纪70年代才开始出现the philosophy of language这个标签，并与老表达式analytic philosophy同时使用于哲学圈的哲学；

——为语义学、语用学和母语习得打基础，为原初翻译的不确定性等阐明其根源的哲学；

……

综上所述，可以澄清语言哲学的概念。我们特意用上面的叙述方式，就是为表明概念分析的方法——分析哲学之为分析哲学的独特方式。

3. 后语言哲学的起源与基本思路

语言哲学之后是后语言哲学。理清"后语言哲学"的思路，无疑对我们参与建设性后现代主义的大潮是一个必要的理论准备。

"后语言哲学"这个标签始见于2007年《西语哲在中国：一种可能的发展之路》一文（钱冠连，2006，2007，2015b）。作者先使用"后—分析的语言哲学"（post-analytic philosophy）这个标签，并定义出它的三个方面含义（下见后语言哲学4项）。其间，有这样一段话："作者发现，这个标签的英文post-analytic philosophy（译成汉语便是'后分析哲学'）早已被人使用，虽然含义完全不一样。post-analytic philosophy的背景大致是：它是20世纪60—70年代以来的一种哲学倾向。后分析哲学的主要代表人物是Quine、Davidson、Kuhn、Putnam、Dummett和Kripke等。他们对前期分析哲学困境的解决表现一系列不同的新特征。放弃逻辑经验主义对综合命题与分析命题的严格区分，既是分析哲学内部逻辑经验主义衰亡的象征，也是后分析哲学开始萌芽的标志。可以看出，他们的宗旨及其做法，与钱冠连（2007）使用的'后—分析的语言哲学'的三个方面含义完全不一样。后来，我们将'后—分析的语言哲学'这个标签，干脆改成 the post-philosophy of language（后语言哲学），这个术语与英语里的 post-analytic philosophy 相比，含义上与字面上都不相同了。"

真正身体力行地把这个"后语言哲学"推上台面的是王寅先生。他在此后的多年间，在各种不同的场合大讲现代主义的局限性，反复讲解后现代主义思潮的种种突破，在我们学会内外推介后语言哲学。时至今日，当我们要谋划后语言哲学如何参与建设性后现代主义思潮的活动时，我们方才发现，王寅先生的眼光是超前的。

中国后语言哲学的基本理念是：（1）吸取西方语言哲学的老营养（所谓"老树"，即不必回到分析哲学的老问题）；（2）挖掘出新问题（所谓"新枝"）；（3）入口在词语分析；（4）尤其重视汉语语料，出口在对存在、对象、世界与人的思想进行思考。

现在我们参考王治河对后现代主义中"后"的解释（王治河，2006：333），对"后语言哲学"的"后"做一个界定："后语言哲学"确实发生在分析哲学潮流之后，但也不完全是在时间意义上用它（"后"），更不是在"反对"的意义上，而是在"扬弃""超越"的意义上讲的。对分析哲学又吸收又超越的态度，是"后"的真正内涵。后语言哲学四条基本理念的前三条体现出对分析哲学又吸收又超越的态度。这样，就为我们的后语言哲学参与第二次哲学启蒙打入一个楔子（见下文）。

对于这个基本理念，当然是可以挑战、批评的，甚至可以反对。正如科学哲学家波普说，"真正的科学家都是不固执己见的人，他们是努力寻找证据以证明自己的理论不对的人"。这个态度本身就是建设性后现代主义者的态度。

我们对其他路数的语言哲学研究，比如说，对经典的西方语言哲学（英美的、欧洲大陆的）的老题进行重新思考、重新批评、重新发现并引出新结论，也抱着欢迎的态度；甚至干脆回到老题，仅仅做些局部的修补，我们也坦然接受并与其和谐相处。这种态度本身也是建设性后现代主义主张的开放态度。

至于我们要做哪些工作、哪些课题，其间会出现哪些特点、哪些倾向、哪些分歧、哪些思潮与困难，怎样克服困难，最后会产生什么样的前途与未来，这一切都是需要我们以及后来者一步一步审时度势地按照大思路不断加以调整，以如临深渊、如履薄冰的心态走下去。至于梳理、总结，那更是后人10年、20年之后要做的事情。

4. 后语言哲学参与建设性后现代主义思潮的行动业已开始

既然"我们的时代迫切需要建设性的后现代思维，而建设性后现代思维则呼唤第二次启蒙"（王治河语），那么我们自然地认为，第二次人类文明（不仅仅是西方文明）启蒙能否成功地呼唤出来，就看建设性的后现代思维的建设是否真有成效。

就我们中国后语言哲学学者来说，就是不失时机地、清醒地参与并渗透到建设性后现代大潮之中。先看看我们要投入其中的建设性后现代主义有什么样的特征。王治河"把11个思潮[1]归宿到后现代旗下。它们是：非哲学、非中心化思潮、反基础主义、非理性主义、后人道主义、解构主义、视角主义、后现代解释学、多元论、后现代哲学史编纂学和反美学"（同

---

[1] 11个思潮是：非哲学、非中心化思潮、反基础主义、非理性主义、后人道主义、解构主义、视角主义、后现代解释学、多元论、后现代哲学史编纂学、反美学。而对于非哲学，梅洛—庞蒂的解释是："真正的哲学嘲弄哲学，因为它是非哲学。"转引自王治河（2006：33）"'非哲学'并非是一种哲学流派，它是一种思潮，一种思维取向，一种态度，一种对传统'哲学'观念进行非难的态度"（王治河，2006：316）。

上：316），"把后现代的主要的、最有意义的特征界定为一种态度，一种向他者（the other）开放的态度，这要求一种海洋般的心胸"（同上）。他反复强调"开放的心态"。既然有这样开放的心态，后现代思潮同样就会向后语言哲学敞开它的胸怀，欢迎后者的投入。王治河指出，"怀特海对向他者开放的推重也为东方文化，特别是中国文化在当今世界文化舞台发挥积极作用提供一个平台"（同上：326）。

上文曾提到，"后语言哲学体现出对分析哲学又吸收又超越的态度。这样，就为我们的后语言哲学参与第二次哲学启蒙打入一个楔子。"具体地说，后语言哲学的基本思路之（1）与（2）是吸收分析哲学的营养和研究新问题（即不回到它的老问题，但是我们不反对、不轻视别的学者去研究老问题）。为什么我们主张不回到老问题？须知分析哲学中的老问题，是当时（19世纪末至20世纪70年代）厌恶形而上与反对唯心主义的产物。现在已经是21世纪，分析哲学中的一些东西（比如"谦虚形式的基础主义"）不得不被建设性后现代主义者重新审视。比如说，"反基础"是后现代主义的一个重要特征，那么基础主义又是什么呢？基础主义有传统的和现代的两种形式。前者以笛卡尔为代表，后者以分析哲学为代表（注意：分析哲学是主张基础主义的！）。前者要直接为知识寻找到一个坚实的、不容置疑的、不可动摇的基础。什么东西坚实？什么东西不容置疑？什么东西不可动摇？自然就找到"实体"（Spinoza，1632-1677）、"单子"（Leibniz，1646-1716）和"绝对精神"（Hegel，1770-1831）等作为知识的基础。"而现代基础主义采取一种比较谦虚的形式——勾画理性反思和讲话的限度（界限），为知识提供证明，证明什么是可能的，什么是不可能的，在什么范围内是合法的，在什么范围内是非法的。"（同上：79）问题来了，分析哲学是"温和地"主张基础主义的，而反基础主义（antifoundationalism）也加盟后现代哲学思潮，成为其中的一个重要的组成部分，它就不得不触动分析哲学。在这个时代，我们顺势而为的话，就应该有一部分学者去研究新问题，发现新的视角，去参加新的哲学启蒙。后语言哲学思路的前两条（不必回到分析哲学的老问题，研究新问题）与反基础主义殊途同归，不谋而合。

请读者特别注意后语言哲学思路的第四条："尤其重视汉语语料"。不要小看"尤其重视汉语语料"。汉语承载着中国文化基因，深藏着中国哲学与中国历史，结晶着中国美学与中国文学，等等。汉语诞生出老子与庄子的哲学、诸子百家的思想、司马迁的《史记》和曹雪芹的《红楼梦》，孕育出禅宗、《易经》、中庸之道……浩如烟海的汉语卷帙，这些深藏大智大慧的世界观与人生观，不仅生成中国人的文化基因（过程思维与有机思维）、文化血脉，同时也使得"欧洲文化中心论"的霸道显得多么苍白与肤浅。应该指出如下的事实：各种"帝国主义霸权"对汉语文化视角的排斥，到头来吃亏的是整个人类文明进程。我们的后语言哲学的第四个主张（重视汉语语料），与"第二次启蒙在根底上推崇的其实是一种'中道'"又是一次殊途同归，与"作为《易经》的民族，中国人血液中流的是过程思维和有机思维的文化基因，这使我们可以在第二次启蒙中大显身手"又是一次不谋而合。

汉语语料的运用自然地让中国文化基因、中国哲学、诸子百家思想、中国历史和中国美学与文学等现身于世。刘利民论先秦名家诡辩命题（刘利民，2007），王寅拿《枫桥夜泊》的40种英文翻译说事（王寅，2008），钱冠连拿中国人以108种"我"自称立论（钱冠连，2015c）以及本书另一些论文如《中国古代哲学的逻辑及其符号化》……凡此种种眼光、视角与新见，对建设性后现代主义而言，都不啻为建设性的能量。

以上所有努力都是为推进人类文明的进程。

我们看见人类文明前行的思想光芒。前行的人流中，必须有而且确实有华夏民族的身影。第二次哲学启蒙不能再让西方文明唱独角戏，需要唤醒华夏文明参与其中的意识。

5. 语言哲学家在第二次哲学启蒙时点上如何自处

这个问题涉及学术共同体（学会），不是一个学者的个人行为，我个人的建议梳理如下：鼓励更多的语言哲学家（无论分析哲学传统的还是欧陆传统的）走后语言哲学之路，以便迅速地参与建设性后现代主义思潮，即参与第二次哲学启蒙；同时，我也认为，学会应该接受并尊重这样的状况：另一些语言哲学家选择继续研究分析哲学时代的老问题。这是学术之树的自然分蘖，古今中外概莫能外，结果依然是一树繁花。

参考文献

Baghramian, M. (ed.). *Modern Philosophy of Language* [C]. Washington: Counterpoint, 1999.

Blackburn, S. *The Oxford Dictionary of Philosophy* [Z]. Oxford: Oxford University Press, 1994 /1996.

Frege, G. On Concept and Object [A]. In Geach, P. & Black, M. (Eds.) Translations from the Philosophical Writings of Gottlob Frege [C]. New York: Blackwell, 1960.

Martinich, A. P. *The Philosophy of Language* [C]. Oxford: Oxford University Press, 2001.

刘利民. 在语言中盘旋——先秦名家诡辩命题的纯语言思辨理性研究 [M]. 成都：四川大学出版社，2007.

尼古拉斯·布宁著，余纪元译. 西方哲学英汉对照辞典 [Z]. 北京：人民出版社，2001.

钱冠连. 西语哲在中国：一种可能的发展之路 [A]. 首都外语论

坛 [C]. 北京：中央编译出版社，2006.

钱冠连."马"给不出马的概念：谓项与述谓的哲学意蕴 [J]. 外语学刊，2015a（5）.

钱冠连. 从西语哲的经典问题到后语言哲学 [A]. 后语言哲学之路 [C]. 上海：上海外语教育出版社，2015b.

钱冠连. 人自称与物被称的数目的巨大不对称 [A]. 后语言哲学之路 [C]. 上海：上海外语教育出版社，2015c.

王寅. 认知语言学的"体验性概念化"对翻译主客观性的解释力———一项基于古诗《枫桥夜泊》40 篇英语译文的研究 [J]. 外语教学与研究，2008（3）.

王治河. 以平常心看待后现代主义 [A]. 后现代哲学思潮研究 [C]. 北京：北京大学出版社，2006.

（原文首发于《外语学刊》，2017 年第 1 期）

论反合及其语言踪迹

摘　要：本文的第一个部分，面对同样一个对象——思维或事物的变化和运动规律，以往的哲人与思想家各有术语或表达式加以概括，其中五种是：老子之道用"冲气以为和"概之，黑格尔以"辩证法"（正—反—合题）括之，辩证唯物主义以"事物发展三原理"示之，冯友兰用"仇必和（而解）"晓之，钱锺书示以"违者谐而反者合"。由此，本文将尝试增加一个新的术语来概括，即"反合"（the opposite-accord）。本文讨论之后指出，上述六者在实质内容上有重要的相通之处，但不能认定它们是同一的！

反合论尝试回答的问题是：老子"正反合"[1]逻辑辩证如何相通于佛家与恩格斯自然辩证法？新增术语"反合"与其他五者如何联通？方法论上，语言哲学之为语言哲学，为何特别重视词语的处理？"反合"这一术语有什么方便之处？"术语索引之力"（本文提出）为何是一个术语或表达式是否胜任概括某个范畴（或概念或思想）的重要检测标准？"反合"这一术语有什么独特的含义（sense）？

就本文的第二个工作，反合论果然索引出自然语言中几个反合式语迹，回答了如下几个问题：（1）作为自然语言中一个根本的反合现象，拼音为何是现在这个方式？（2）怎样重新

1　此处的老子"正反合"一说，并非老子本人提出，而是由近人南怀瑾对老子的概括，且与黑格尔所说之"正题—反题—合题"（简写"正—反—合"）不一样。

解释奇怪的汉语两端字和外语两端词？（3）有趣的反合式字组与词组为何是那样构造的？（4）怎么会出现（汉）两个并列的半句（这样的表达式）？

本文的结论之一，"反合"这个新增的术语，与其他五个术语和表达式一样，能概括和说明思维与事物的一体两面的既相反、相克而又相合、相谐的变化和运动规律。它与其他五者联通，相互补充与映照。它具有一些方便之处，具有术语索引之力，但它有独特的含义，故不可被其他五个术语或表达式取代。其含义是：（1）思维与事物的一体两面的相反相成；（2）一个思维过程、一物、一事件的内部矛盾与对立着的两面的转换；（3）突出反也守住了合，即"相反状的合"，合字是核心词。反与合，缺一不可。另外，"反"与"合"的生成是自然的，起之于思维与事物变化和运动自身，不是人为从外部强加的。缺了"合"的反，肯定不是事物自身的变化和运动，是没完没了的乱，是持续的无序；缺了"反"的合，就不是思维与事物的自身的变化和运动。反合才是稳实的合。"反合"这一术语是讨论哲学问题的一个方便的语言框架。

一次成功（如果成功）的新的术语的产生，不啻为一次新的思想洗礼。即使"反合"这个术语不能被立即接受，本文的论证过程本身也是一次思想的洗礼与碰撞，因为论证本身有助于理解语言哲学何以是语言哲学，体现"哲学从谈论对象到谈论词语的转变"，因而本文特别重视处理词语、理清意义及梳理概念。总之，在思维训练与方法论上，本文具有一定的意义。

结论之二包括三个方面：

（1）从实践上验证"反合"，它果然具有术语索引之力，能够索引出几个自然语言的"反合式语迹"：音声相和、汉语两端字与外语两端词、反合式字组与词组（即[汉]反正结合字组－反正柔和字组以及[外]反正结合词组），最后，（汉）

两个并列的半句。

（2）而且，所发现的反合式语迹可以解释人的存在方式、思维与世界。首先，在一个思维过程、一物与一事件中普遍存在的反合现象，在语言上也有生动的观照。其次，几个反合式语迹的构造方式，恰好就是我们人类自己存在的方式的某些方面。最后，词语本身就是关系，而这种关系总是（在词语中）保持着物。就算"反合论"新的表达不能立即被人接受，用它指导发现了几个反合式语迹，这对自然语言的认识又加深了一步。

关键词：反合；术语索引之力；反合式语迹；语言哲学；一体两面

On the Opposite-accord and Its Linguistic Traces

Abstract: In Part One, the author proposes a newly-proposed term, i.e. the opposite-accord (the OA, hence), so as to reflect and to explain the laws of change and motion in thoughts and things, with the new term being in parallel with other 5 terms or expressions or propositions——"冲气以为和"（Their harmony depends on the blending of the breaths）by Lao Tzu (1998: 91). "Dialectic" by Hegel, "dialectical materialism", "仇必和（而解）"（"Necessarily, enmity becomes reconciled"）by Feng Youlan, and "违者谐而反者和"（"The discordant tends to be harmonious, while the contrary, agreeable."）by Qian Zhongshu.

What significance is the OA of? The new one can be considered as a "most convenient 'linguistic framework'" and has what the author calls "an indexing force of terms". The OA has, however, a unique sense, therefore, the author claims that the OA cannot be substituted by any of other 5 terms or expressions or propositions.

In Part Two, as a result, the theory of the OA is really capable of indexing[1] (or making researchers after) some OA-type linguistic traces by means of which we are capable of answering such questions as:

1) Why is the phonetic combination (of vowels and consonants into one syllable) such as it is? (The phonetic combination can be regarded as a basic OA phenomenon in language.)

2) How do we account for somewhat strange both-ends-characters (两端字) in Chinese and both-ends-words in other languages?

3) How have interesting OA-type characters-groups (反合式字组) in Chinese and OA-type phrases (反合式词组) in other languages all been structured such as they are?

4) Why do two juxtaposed half-clauses (对联), e.g., antithetical couplets, appear in Chinese?

Conclusions: First, the newly-structured term, i.e. the opposite-accord (the OA), is capable of reflecting and explaining the laws of change and motion in thoughts and things, with the new term being in parallel with other 5 terms or expressions or propositions. Thus, the author claims that the six terms cannot substitute one another, although they are complementary to one another. Also, the author claims that the OA can be considered as convenient and has the indexing force to a great extent.

---

1 The "index" is used here, in this paper, as a verb indicating to make researches after what is not yet discovered or to trigger out something under the indexing force of the term "the OA".

The term, the OA, has a unique sense as listed in 1.6.6.

However, the both-opposite-and-according state arrives naturally from the very change and motion of a thought and thing: it has not been imposed artificially. The author would like to assume that all and only opposite accord is the most stable accord. The first theoretical aim we are trying to arrive at is that we will be theoretically baptized. Once a new term is produced successfully, even if the term (the OA) is not accepted now, we have had a further understanding of the mode in which analytic philosophy of language was as it was, and of the reason why Quine (1960: 271) pointed out that "a shift from talk of objects to talk of words." In one word, the present work is of some significance in terms of methodology.

The second conclusion includes the following three aspects:

1) We have found the OA-type linguistic traces.

2) The OA-type linguistic traces can explain the mode in which human beings exist, in which the process of thought develops and in which the world is. Truly, "[T]he word itself is the relation which in each instance retains the thing within itself in such a manner that it 'is' a thing." (Heidegger, 1982: 66)

3) The term, the OA, has indeed the indexing force.

Key words: the opposite-accord (OA); terminology indexing force; the OA-type linguistic traces; the philosophy of language; the two sides of an object

1. 论反合

导言：面对同一对象的五种命名

在人类历史上，面对同一现象——思维与（或）事物[1]的一体两面的既相反、相克而又相合、相谐的变化和运动规律，哲人和思想家给出许多命名，本文选取其中五种讨论：（1）老子："冲气以为和"，（2）黑格尔："辩证法"，（3）"辩证唯物主义"，（4）冯友兰："仇必和（而解）"，（5）钱锺书："违者谐而反者合"。

"一体两面"可以看作是"一个统一体的两个对立面"（冯友兰，1992：257）的简略说法。我们可以把（人的）一个思维过程或者一物或者一事件（下一级是一事件的一过程、一状态与一性质）等等作为一个统一体来看待，即"一体"。那么，它的"两面"即两个对立面，总是呈现出相反（相克）而又相合（相谐）的变化和运动状态。

现在，让我们简略地提及这同一个现象——在思想（于是有人的思维过程）和世界（于是有事物）中普遍存在着的一体两面的关系。

首先，在一体（即一个思维过程、一物与一事件）的内部，总有两个对立面的相生相克变化和运动。关于一物或一体的相反相成，钱锺书举出剪刀的运动状态与人的咬嚼过程以说明之。他先指出"噬，啮也；嗑，合也。凡物之不亲，由有间也；物不齐，由有过也；有间与过，啮而合之，所以通也。"

---

[1] 这里的"思维与事物"的提出，是根据黑格尔所言"思想和世界"的引申。黑格尔辩证法认为，"矛盾是普遍存在的，它说明了思想和世界（thought and the world）的一切变化和运动。"[Bunnin & Yu，2001：257；Dialect（Hegel）]本文作者由"思想"引申出"思维"，借以表明思想过程，而由"世界"引申出"事物"。显然，"事物"是从"世界"（主要指"物质世界"）里引申出来的。而现代科学还发现了"能量世界"与"信息世界"，这后面两个世界里的变化与运动规律如何，显然是黑格尔辩证法所未概括进去的东西。这就得等待科学发现进一步与哲学沟通，这是后话了。

注意：嗑，即上下牙齿对碰、对咬。他接着说："噬嗑为相反相成（coincidentia oppositorum）之象。……（噬嗑）谓分而合，合而通：上齿之动也就下，下齿之动也向上，分出而反者也，齿决[决：裂开，断开]则合归而通矣。……近世则有以剪刀（scissors）及咬嚼（the action of our jaws in mastication）为喻者，正同'噬嗑'之象。……亦皆拟议反而相成，分而有合耳。"（钱锺书，1994：22-23，着重号为本文所加）请注意，既说反与分，也说成与合。剪刀的运动状态是说明反而相成的妙例之一。剪刀的两片如若顺着一个方向运动，则剪不断东西（剪刀目的不达），剪刀的两片如若相向（相对、相反）运动，则能剪断东西（这才是剪刀的目的）。"黑格尔和马克思把矛盾理解为精神或历史的辩证发展的必要的冲突"（Bunnin & Yu，2001：200）。即是说，矛盾是辩证发展的必要的冲突；**必要的冲突，也是一体两面的性质。一体两面必然发生这样的冲突，才能达到辩证的发展。**

其次，在一体的内部，矛盾与对立着的两面在不断地**转换**。比如，电流之正极与负极的流动与转换。又比如，"有与无、难与易、长与短、高与下、前与后"的转换（参见《道德经》第二章），"曲与全、枉与直、洼与盈，敝与新"的转换（参见《道德经》第二十二章），重与轻、静与躁、痞与泰、正与反、是与非、因与果、生与灭、呼与吸、冲虚与盈满的转换。"生，是死的延续；死，是生的转换。生也未曾生，死也未曾死，生死如一，（何足忧喜！）"[1]不是说生与死同一，而是说它们互相转换。这就是我们面对的同一个现象，一个关于思维与事物的一体两面的变化和运动的规律。以往的哲人与思想家们是用什么术语或表达式（从而概念）来概括它的呢？我们举出其中五种。

---

1 参见星云大师、刘长乐所著《包容的智慧Ⅱ：修好这颗心》，武汉：湖北人民出版社，2007。

1.1 老子之道：冲气以为和

我们的问题是，道里面哪一个术语或表达式最能概括一体两面的那种变化和运动状况？

老子下述四处中，有两处直接出现"反"字，有一处出现"冲"字，亦即"反"。

第一处："反者道之动，弱者道之用"（《道德经》第四十章）。"反"是道的变化和运动状态，是推动道前进的动力；"弱"是道的作用。任何事物都是在相反相成的变化和运动中生成。

第二处："道生一，一生二，二生三，三生万物。万物负阴而抱阳，冲气以为和"（《道德经》第四十二章）。老子用"一"代替道这一概念，表示了一个统一体。以"二"指阴、阳二气，说"道"的本身包含着对立的两个方面。阴、阳二气所包含的统一体即是"道"。因此，对立着的双方都包含在"一"中。"三"，即是由两个对立的方面相互矛盾冲突所产生的第三者，进而生成万物。本文以"冲气以为和"代表老子之道，是因为后来的黑格尔辩证法（参见下一节）与这个表达式最为相通。我们祖先之智绝不输于洋人。

第三处："牝牡之合（《道德经》第五十五章）。男女交合。牝牡（雌雄）之合是最具常识意味的反合。正是男与女之反合，才有人类衍生的正合。事实上，牝与牝不能合，牡与牡也不能合。把这个牝牡之合想通了，再理解反合才是正合，一点也不觉得别扭了。

第四处："正言若反"（《道德经》第七十八章）。正面的话听起来像是它的反面。

我以为，"冲气以为和"可作老子之道的代表，它对反合论提供极为重要的支持。

1.2 黑格尔"辩证法"：正－反－合题

此前，在和谐的概念中，"赫拉克利特认为万物是对立的和谐（the harmony of the opposites）"（Bunnin & Yu，2001：427）。

黑格尔的辩证法（Dialectic）[1]的概念受到康德的二律背反和费希特的正题、反题与合题的三一式过程的影响。黑格尔主张，"矛盾是普存的，它说明了思想和世界的一切变化和运动。……辩证法不单纯是思维过程，而且是概念本身和绝对理念所进行的发展。更重要的是，辩证法也构成了世界的自发的自我发展。……事物通过变为它的对立面，然后解决矛盾而发展为综合（a synthesis），这个过程不断进行，一直达到完善（complete perfection）。这个三一式结构（tripartite structure）也是黑格尔哲学的建筑结构"（Nicholas & Yu，2001：257）。黑格尔"把自己的哲学称为逻辑学（the science of logic）"，他接着强调，逻辑不是一个静止的形式系统，而是思想过程，有对立面，有统一，还强调了"基本的逻辑过程"。什么是他所说的基本的逻辑过程呢？逻辑学"涉及思想的过程，按此过程，一范畴被另一范畴所包含并由此发展为其对立面（contradictory），这些范畴在一更高的全体中到达统一（unity），这个统一又为进一步的发展开辟了道路。在黑格尔看来，从正题到反题，然后再到合题，是基本的逻辑过程"（Hegel，1999）。可以想到的是，后来中国哲学家（如冯友兰等）常常使用的"一个统一体的两个对立面"（冯友兰，1992：257；1996）及更为简明的"一体两面"这些说法与黑格尔上面说的unity以及contradictory总是有千丝万缕的联系的。梯利（Thilly，1914：468-469）明确地解说是"从抽象的一般的概念开始（正，thesis），这个概念引起矛盾（反，antithesis），

---

1 试比较：康德辩证论：[Dialectic (Kant)]

矛盾的概念调合于第三个概念中，因而，这个概念是其他两个概念的综合（合，synthesis）"。罗素（Russell，1972：732）也指出，黑格尔的"辩证法是由正题、反题与合题（thesis，antithesis 和 synthesis）组成的"。

不难理解的是，"事物通过变为它的对立面，然后解决矛盾而发展为综合，这个过程不断进行一直达到完善"。这个论断中，事物正题，事物的对立面即反题，综合继而完善是合题。这个论断所包含的正—反—合题，是我们新增概括（"反合"）所特别注意的。

1.3 辩证唯物主义：事物发展的三原理

在辩证唯物主义中，"物质世界[1]不是静止不动的。事物充满矛盾或对立（contradictions or opposites），这些矛盾驱使事物产生发展的连续过程。这种发展是通过认识和调解内部矛盾的前进过程。发展的基本原理包括：量变到质变的规律、对立面互相渗透的规律（the law of the inter-penetration of opposites）、否定之否定的规律。"（Bunnin & Yu，2001：257-258）

我们尤其注意事物发展的三原理，即量变到质变的规律、对立面互相渗透的规律、否定之否定的规律。三原理中，对立面互相渗透与否定之否定，给我们的反合论以充分的启发。

1.4 冯友兰：仇必和（而解）

冯友兰在概括两种辩证法思想的根本对立时，用的是"仇必仇到底"与"仇必和而解"（冯友兰，1992：258）。在本文中，用"仇必和"来简称"仇必和而解"；又因篇幅限制，只触及他所主张的"仇必和"，而不涉及"仇必仇到底"。他认为，"'仇必和而解'的思想，是要维持两个对立面所处的那

---

1 这里不可能提及能量世界、信息世界甚至虚拟世界里的变化与运动规律。

个统一体"（冯友兰，1992：258）。他还认为，"'仇必和而解'是客观的辩证法"，"一个社会的正常状态是'和'，宇宙的正常状态也是'和'"（同上：260）。对于这一点，冯氏的论证有三个方面：第一是"一个统一体的两个对立面，必须先是一个统一体，然后才成为两个对立面"（同上：257）。……第三是"所谓'和'，并不是没有矛盾斗争，而是充满了矛盾斗争"。"在中国古典哲学中，'和'与'同'不一样。'同'不能容'异'，'和'不但能容'异'，而且必须有'异'，才能称其为'和'。……客观辩证的两个对立面矛盾统一的局面，就是一个'和'。"（同上：260）

冯友兰以上"仇必和"论述，与本文增加的新概括"反合"完全契合。"仇"就是"反、敌、对立"。

1.5 钱锺书：违者谐而反者合

关于正言若反，钱锺书先是指出，"夫'正言若反'，乃老子立言之方，《五千言》中触处弥望，即修词所谓'翻案语'（paradox[1]与'冤亲词'oxymoron[2]）……"。他接着列出三种情形：第一种是，"世人皆以为其意相同相合，例如'音'之与'声'或'形'之与'象'；翻案语中则同者异而合者背矣，故四十一章云：'大音希声，大象无形'"。第二种是，"世人皆以为其意相违相反，例如'成'之与'缺'或'直'之与'屈'；翻案语中则违者谐而反者合矣，故四十五章云：'大成若缺，大直若屈'"。第三种是，"复有两言于此，一正一负，世人皆以为其意相仇相克，例如'上'与'下'，冤亲词乃和解而无间焉，故三十八章云：'上德不德'[3]。此皆苏辙所谓'合

---

1 paradox，近世亦译为"悖论"。
2 oxymoron，近世亦译为"矛盾形容法，如cruel kindness"，真乃又冤又亲，确如钱锺书所译"冤亲词"。
3 "上德不德"还有一解：上德之人不求德，这样与下句"是以有德"才相配。

道而反俗也'"（钱锺书，1994：463-464）。值得我们注意的是第二种情形："违者谐而反者合"。"反者合"直接支持了本文作者的"反合"论。钱锺书说"反者合"只是翻案语，是修辞手法。我们认为，它不仅仅是修辞手法，而是思想与事物的一体两面之间的关系。在我们这里，最终发展成范畴。

1.6"反合"

1.6.1"[常]反合"与"[哲]反合"区别

我们将新添"反合"一词，来对一体两面的关系作一个概括，并作为语言哲学中的一个范畴。

在日常生活里，"[常]反合"与"[常]正合"是一对反义词。汉语用到"[常]正合"（the well-accord）的典型句子是："（一人或者一物）正合（另一人的意愿）"（请注意"[常]正合"前后分别出现了不同的统一体），英语言说的典型句子是：*It well accords with my wishes*（请注意"accords"前后分别出现了不同的统一体，斜体示之）。另外，日常生活中"[常]正合"意谓"刚好合了"，"刚好"是副词，当状语用，其后的"合"是动词。反之，则说："你那样不合我意，这样倒是反合我意"。这样，下面紧接着就好区分"[常]反合"与"[哲]反合"了。

"[常]反合"的词性是副＋动组合，相当于"反而合了"，"反而"是副词，其后的"合"是动词，在句中的功能是作谓语，它的意义是，一人或一事反而合了什么人的意愿。

"[哲]反合"的词性是（两个并列的）名＋名组合（比较：英语尝试以 the opposite-accord，以名词为核心的组合），在句中功能是作主语或宾语，其意义是，一体两面先反后合的变化与运动的结果，即对立面先是矛盾斗争（反），后来达到新的统一体即新的平衡（合）（详见1.6.5）。

于是，我们得到的认识是："[哲]反合"与"[常]反合"

是一同三不同。即二者同音，不同词性组合、不同功能、不同意义。"[哲]反合"与"[常]正合"不是一对反义词。当然，哲学里也没有"正合"这一范畴。

特别提请留意：如果"[常]正合"发生，是在两者即两个统一体之间产生，比如说某一人造物与另一人造物之间，或者，某一个人与另一事件之间，而"[哲]反合"是在一个统一体内部的两面之间产生。所以，尚且不论"[哲]反合"与"[常]正合"不是一对反义词，它们二者简直不相干。故本文不讨论"[常]正合"。但是，本文从这里往后所出现的"反合"均指[哲]反合，不再以[哲]注解之。

在哲学里以"反合"来承载一体两面之间的各种关系，初听起来非常别扭，我们的文化心理不习惯它，却有它的理据与独特的含义。

1.6.2 老道（以老子为代表的道家）"正反合"与《金刚经》推理句式的启示

本文从老道的"正反合"与《金刚经》推理句式中得到了方法论的启示。

老子先是提出了道与名的含义，几乎是同时又推翻了道的名相，推翻了名的名相。"道可道，非常道；名可名，非常名。"（老子与庄子，2010：2；Lao Tzu，1998：2）"这种建后即破的辩证，就是正反合的逻辑辩证。"（参见南怀瑾讲述，1992：41）南怀瑾概括出"正反合"[1]这种逻辑辩证，确实是老子论道的方法论之一：先用正的方法（正），立即用负的方法（反），却最终能够给一个对象定性即澄清（合）。不可否认，后面立即而至的那个否定（"反"）增加了认识对象的难度与神秘性，但同时也使认识越来越深刻。

---

1 说不定南氏受到了费希特的正题、反题与合题的三一式过程与黑格尔三一式结构的影响。

佛经呢？佛经如《金刚经》中的推理句式与上述的逻辑辩证，有同亦有不同：佛说第一波罗密，即非第一波罗密，是名第一波罗密。赵朴初（2011：B11）认为这种推理是"同时肯定又同时否定"。赵之所论颇中肯綮。又见"佛说般若波罗蜜，即非般若波罗蜜，是名般若波罗蜜"（李叔同，2006：68-69）。佛经中这种句式，从形式上看，为"佛说A，即非A，是名A"。如毛泽东就曾风趣地与赵朴初开玩笑说："佛说赵朴初，即非赵朴初，是名赵朴初"（2011：B11）。前面两小句，相当于黑格尔辩证法正题与反题，但后面那个跟进的"是名A"却不是合题，是一个名相，增加了问题的复杂性，便是佛家、老道以及黑格尔辩证法的同亦不同之处。

这于我们有两点启发：一、要注意用负的方法，二、"正反合"中，毕竟"反"通向了"合"，反与合毕竟是直接黏合起来了。我们在反合论的论述中，充分注意到了这两点。

1.6.3 "反合"与其他五者联通

（1）"反合"相通于老子的"反者道之动""冲气以为和"、"牝牡之合"及"正言若反"。"反合"尤其与"冲气以为和"更为密切，双方都反映了一体两面的变化和运动状态。

（2）"反合"可与黑格尔辩证法"正—反—合题"相对照。具体地说，"反合"可以与"事物即正题，事物的对立面即反题，综合继而完善是合题"互相阐明。

（3）"反合"与事物发展的三原理——量变到质变的规律、对立面互相渗透的规律、否定之否定的规律——互相参考。值得强调的是，对立面互相渗透、否定之否定与反合论的契合更清晰。

（4）"反合"也建构了"仇必和"所建构的一切思维与世界的规律。

（5）"反合"与"违者谐而反者合"中的后半部分尤其贴

近。"反者合"与"反合"字面很相合，可是钱锺书的"反者合"并没单独而立，仅与"违者谐"相对照。

这六个表达式，各自结晶着自己所属的体系，不能相互代替，亦无高低之分。但是，"反合"还面临着这一概括是否成功的考验。

"反合"，与其他五者互相发明，它建构了思维与事物一体两面的全部关系、图景与现实。

1.6.4 重视词语处理

笔者为何极其重视"反合"这一术语的处理？

首先，因为它是一个自然而然的、必要的哲学范畴。

其次，词语的陈述方式直接结晶出具有独特意蕴的哲学概念。一个语词的含义（sense），是由它的呈现方式（the mode of presentation）决定的，因为呈现方式透露了该语词的认知内容或者认知意义（the cognitive content or significance）（参见Frege，1952）。这就是说，含义（sense）跟随呈现方式走！以同理观之，就可以说，"老子之道"（冲气以为和）、"黑格尔辩证法"（正—反—合）、"辩证唯物主义"（事物发展三原理）、"仇必和""违者谐而反者合""反合论"，各有自己的呈现方式，故各有自己的含义。换句话说，你不能因为上述六者在实质内容上有重要的相通之处，就认定它们是同一的！既然如此，你不能用他者中的任何一个来取代"反合"。"反合"一词有着特定的含义。

再次，它对于分析传统的语言哲学，是至关重要的一个环节。不重视术语概念的梳理，就等于拆掉了语言分析这个平台。奎因的大作 *Word and Object*[1]（《语词和对象》）把词语的

---

1 此书是由世界12位顶尖的哲学家以投票方式选择出来的近50年（2005年之前50年）最重要的12本西方哲学大著中得票数第二的专著（参见中国人民大学出版社"当代世界学术名著·哲学系列"，陈波写的总序二）。

处理几乎当作了哲学研究的主要工作。在该书第56节"语义上溯"（Quine，1960：270）中，有五处说明了词语处理的重要性。"值得注意的是，我们谈论词语的场合多于谈论对象"（同上：270）。"他（卡尔纳）认为，有关何物存在的哲学问题是我们能如何最方便地设置我们的'语言框架'的问题，而不像毛鼻袋熊或独角兽的例子那样是有关语言外（的）实在的问题"（同上：271，着重号为笔者所加）。"从谈论对象到谈论语词的转变"（同上：271），几乎就是奎因的语言哲学的总纲领。认识到这一点，对本文重视"反合"这一术语的处置，具有相当重要的意义。"语义上溯的策略是，它使讨论进入双方所讨论的对象和有关对象的主要词项的看法比较一致的领域。……难怪它对哲学有帮助"（同上：272）。"反合"这一术语的设置"是方便的，对哲学是有帮助的"。哲学是人为的，哲学是为人的。什么语言框架能方便人们讨论问题，就把它设置出来。

Heidegger（1989：63）指出，"仅当某个适切的即能胜任的词语给一存在着的事物命名且使当下的存在（the given being）成为一个存在（a being）时，某物才能存在（something *is*）"（斜体为原文所有）。这就是说，本文选择的那个"适切的即能胜任的词语"即"反合"，终于"使当下的存在（即本文要论证的反合现象）成为一个存在"，这不是一个文字游戏[1]，而是一件重要的工作。

本文力争到达的第一个理论目标就在于此：一次成功（如果成功）的新的术语或表达式的产生，不啻为一次新的思想洗礼。

1.6.5 "反合"的方便：术语索引之力

在上一节我们曾提到，奎因认为，有关何物存在的哲学问

---

[1] 说它是"文字游戏"倒是不错。"游戏"是一个很严肃的词。它意味着规则约定，意味着维特根斯坦的"生活形式"。

题是我们能如何最方便地设置我们的"语言框架"的问题，而不像毛鼻袋熊或独角兽的例子那样是有关语言外（的）实在的问题。（Quine，1960：271）奎因的意思是，在谈论哲学问题时，设置一个语言框架，当然比寻找语言外的实在物（例如：世界上到底有没有毛鼻袋熊？有没有独角兽？）要方便得多。

现在，我们可以讨论设置"反合"这个语言框架的方便之处了。我们当然并非试图用"反合"这个词语去取代语言之外的一个并非存在之物，但我们设置"反合"这一术语，只是用来方便地结晶出一体两面的全部图景。

这一术语（其后是概念[1]）可以纠正人类"喜正合、恶反合"的文化心理，人类要坦然地面对世界万物的本质。在生与灭、顺与逆、同与异、易与难的对立关系中，人类往往喜欢生、顺、同、易这一面是情有可原的，但是厌恶灭、逆、异与难一面，甚至连想都不愿想"灭"等等，这却是成问题的，甚至是危险的。把生当成是理想事件，而把死当成是悲惨事件，这是人性的固有求生之情状，也是固有的弱点。这就种下了最初的喜正合、恶反合的种子。中外的古代思想家与哲学家不是不知道反合之理，只是不那么情愿将"反合"结晶为语词。须知，一个概念一旦被一个语词（名相）表述出来，那个概念便被铆定。一旦某个概念被某一语词所铆定，便打下了被口耳相传的基础。可是人们就是看不惯、听不惯那个"反"字被人传来传去，其实，他们更应该看到"反"字后面"合"的状态！这种文化心理虽然对世界的认识不免偏颇，却也有一种启发：我们为什么就不能在哲学术语或表达式的概括中，既正确地解说世界的道理，又让人们乐于接受呢？本文在反合论的简略解释中反复强调"合"字是核心词，就是满足人类的文化心理的需要。

---

1 Words label concepts；语词给概念贴上了标签。

　　"反合"一词，作为一个学科的、范畴的也是概念的结晶体，其方便之二是，让"反"与"合"形成显豁的对立关系，便能够充分索引出万物是对立中的和谐的事实。什么样的术语或表达式，便索引出什么样的事实。一个关键术语或表达式总是有一定的"索引之力"，它是科学和哲学的建构现实的功能体现。这也是检验术语或表达式是否成功或胜任的标准。一个术语越是能索引出新的事实与新的发现，它就越是一个能充分胜任的术语，就越具有强大的索引之力。这一点会在本文的第二部分（几个反合式语迹）得到验证。关于术语或表达式的这些见解，不是本文的副产品，是语言哲学的正当之事。

1.6.6 "反合"的独特含义

　　反合是稳妥的合。

　　"反合"的意义归纳如下：（1）思维与事物的一体两面的相反相成；（2）一个思维过程、一物、一事件的内部矛盾与对立看的两面的转换；（3）突出反也守住了合，即"相反状的合"，合字是核心词。反与合，缺一不可。另外，"反"与"合"的生成是自然的，起之于思维与事物变化和运动自身，不是人为从外部强加的。缺了"合"的反，肯定不是事物自身的变化和运动，是没完没了的乱，是持续的无序；缺了"反"的合，就不是思维与事物的自身的变化和运动。

2. 反合式语迹

　　从这一部分起，我们将直接面对语言以及语言背后的世界。

　　本部分的第一件事，是检测"反合"是否有"术语索引之力"；第二，观察我们发现的几个反合式语迹，看其是否能对世界作出解释。

验证"反合"是否有术语索引之力，具有哲学意义，这个过程能较好地实现"从谈论对象到谈论语词的转变"（Quine，1960：271）。

这一哲学意义与《语言全息论》（钱冠连，2003）里的下述思想显然是一脉相承的。《语言全息论》第七章第六节认为，宇宙靠语言阐明。结论篇即第十章的最后一句话是："如果将'天'比成世界、宇宙或现实，那么，语言全息论就是地道的'天语合一'论。"

我们在"反合"的术语索引之力的指引下，在自然语言结构里寻找到几个反合式语迹，即能够印证反合现象的语言踪迹。它们是：音声相和、汉语两端字与外语两端词、反合式字组与词组（即[汉]反正拼合字组－反正糅合字组以及[外]反正结合词组），以及两个并列的半句。

2.1 音（与）声相和：语言中根本的反合

直觉告诉人们，语言里的拼音是由一个声音与另一个不同的声音拼合起来的。这样看问题就遮蔽了事情的真相。显豁的对立关系的"反合"这一术语，引导我们发现，我们常说的"语音"，就是相反相成的两面——音与声——之新的综合体。也就是说，音与声相矛盾的结果走向了综合，即一个新的平衡与完善之体。

老子《道德经》第二章讨论了事物存在的相对性。其中提及了"音声相和"。但他没有在此明确指出，这就是人的语言的构成。

音，即现代语言学称的元音；声，即辅音。元音有韵，显出抑扬顿挫，能延长，故能余音婉转。声，即辅音，有爆破、切断、塞、擦之分。以上两者缺一则不可产生出清晰的音节，故不可产生自然语言。可以作为旁证的是，禽无声，只有音，故仅能长鸣如鸟；兽无音，只有声，故仅能嘶吼如狮。幸运的是，人能生成发达的流畅的精微的自然语言，而动物不能。其原因何在？人避免了只能音音相加（即连续的韵母）——只能长鸣——的宿命；人也避免了只能声声相加（连续的辅音，连续的爆破、塞、擦、阻、丝、卷、翘）——只能嘶吼——的宿命，却能将音与声反合拼音！才拼出了和谐的音节。明确的音节发生之后，才具备了形成有意义的音节的基本条件。自然语言由此诞生。

总而言之，音音不相拼合，声声不相拼合，唯一有效的拼音，只能是音与声反合。反合的时候，声在前，音在后。

2.2 汉语两端字与外语两端词

集两个相反的意义于一个基本语言单位（一汉字或其他语言一词）之上，这就是在汉语里的两端字和其他语言里的两端词。这里所说的基本语言单位，是一种语言里可以自由移动的、最小的有意义的使用单位。

对于两端字与两端词，举例如下：

汉语里，两端字如：陶："快乐"与"忧"；舍："停止"与"释放"；乖："违反情理"与"听话"；仇："怨匹"与"嘉偶"。还有：披、救、败、除了（两端字组只发现了一个，后面新增的字组也只有一个）（钱冠连，2003：187-97）。尤：最优异与最恶劣集于一身。爽：爽快，畅快，舒服与差错，有毛病（如"口爽"，是味觉出了毛病，口腔乏味，食欲不振，不是品味好极了）集于一身，等等。两端字组有：葳蕤[weirui]：草木茂盛与萎顿集于一身。

英语里：ambition（雄心大志与野心）、astute（精明的与狡诈的）、dose（不愉快的经历与愉快的经历）、collaborate（褒义的"合作"与贬义的"通敌"）、pious（真虔诚与虚伪的虔诚）、spare（不给出与给出）、stuck（不能动与积极地开始做某事）、proud（褒义地"自豪"与贬义地"骄傲"）。新增英语中两端词：unsparing（无情的与大方的）、sanction（认可与制裁），等等。

俄语里：разучить（学会与使不再会）、рубить（砍伐与建筑）、славить（赞美与造谣中伤）、гордый（褒义"自豪的"与贬义"高傲的"）、учить（自己学习与别人教授）、бесценный（极贵重的与毫无价值的）、прослушать（听完与听不到）、презречительный（被人蔑视的与蔑视人的）、пучина（土壤隆起与深渊）、просмотрь（仔细查看与粗略地看），等等。

《语言全息论》对两端字与两端词的解释是，两端词的两极语义总有相通的信息，相覆盖的部分，两极之中有了相通的部分，才有互相转换的可能。这样就形成了两个语义之间的互相包含，即全息关系。……两端中包含着共轭的信息，我们才能理解两端词的全息性。

《语言全息论》（188页）提到了哲学家黑格尔对"相反两意融于一字"的现象的注意，是有意思的。也就是说，（汉语）两端字或（其他语言）两端词是一个哲学问题。

特别提请注意的是，汉语中，两端字（陶、舍、乖、仇、披、救、败等等）大大多于两端字组（极少极少，下面举出一个"葳蕤"）。足见本文将汉语的基本语言单位定在字上，是符合事实的。这个事实令人深思。

现在，我们用反合论解释它也正好。汉语两端字和其他语言两端词现象反映了事物之一体两面，相反相成的反合；对立性质、状态的转换之合的反合，即两个相反之义集合在一个汉字（少量的字组）里或其他语言的一个词里。这样，清楚地看到，在自然语言里的基本语言单位（一字或一词）上，两个相反的意义集中于一身（一字或一词）的情形是普遍的，它反映了思维与事物运动的反合规律。

2.3 反合式字组与词组

反合式字组与词组，指的是形式上把两个（以上）相反意义的基本语言单位即（汉）字与（外语）词，组合在一起，作为固定的字组（汉）和固定的词组（外语）使用。

这里出现了"（汉语）字组"这一概念，须略加说明。不少汉语语法学家主张汉语里有词，有其方便之处，我不反对。本文里使用的"字组"，就包括了他们所说的"词"。但我觉得，使用"字组"更为方便。

汉语中有两种字组，它们直接体现反合现象，即反正拼合字组与反正糅合字组。其他语言中也有反合式词组。

汉语中的反合式字组有三种情况。

第一种情况：反正拼合字组。它是这样一种构式，即一个字组，由两个意义原本相反的字相加，但新字组的两个字，其相反的原义清晰可见。新字组的意义模式为：新字组[a+b]→（a+b）。式内，→读作"其意为"。如：（1）曲直：喻指是与非；有理无理。既保留了曲又保留了直。（2）有无：指家计的丰或薄，有余与不足，基本上保留了各自的原义即有与无。（3）难易：艰难与容易。（4）盈亏：盈余和亏损。（5）公私：公家和私人。（6）收支：指钱物的收入与支出。（7）正反：正与反。（8）正负：正与负，正极与负极。（9）胜负：胜与败。（10）吐纳：吐故与纳新。如此等等。

第二情况：反正糅合字组。它是这样一种构式，即一个字组，由两个意义相反的字相加，但新字组未能保留各自的原义，其整体意义与原义大不一样了。这样结合成的新字组，情况有二。一是立即变成真正的糅合，对立双方的原义都不见踪迹，新字组的意义模式为：新字组[a+b]→（c）。另一种情况是，新的字组之意向一个方向倾斜发展，另一方向的字意几乎消失殆尽。新字组的意义模式为：新字组[a+b]→（a）∨（b）。∨读作"或者"。这种现象背后的推动力绝不简单，有待研究。例如：（1）舍得 ≠ 舍 + 得，而指愿意舍去；不吝惜。"得"的意义消失了。（2）横竖 ≠ 横 + 竖，而表示肯定。（3）反正 ≠ 反 + 正，而指由邪归正或敌方人员投诚，或者当副词用，表示坚定的语气，不因条件不同而曲意改变。（4）里外 ≠ 里 + 外，而指从里到外，表示整个、全部。（5）动静 ≠ 动 + 静，而指行动、动作；动作与说话的声音；情况与消息。（6）手脚 ≠ 手 + 脚，而指动作、举止；全力、心力；手段、本领；暗中伎俩；手面与排场。（7）快慢 ≠ 快 + 慢，仅指速度。（8）高下 ≠ 高 + 下，却指高度；有差别；好坏；胜负；贵贱。（9）始终 ≠ 始 + 终，而指自始至终，一直；毕竟，终究。（10）厚薄 ≠ 厚 + 薄，而是指厚度（"薄"的意义消逝）；浓淡、稀稠；大小、多少；亲疏。如此等等。

这里顺便提及，比较一下汉语中"正反"与"反正"两个字组，发现有意思的现象。"正反"，为反正拼合字组，就是正面与反面都指，"反正"呢，却是反正糅合字组，变为"由邪归正或敌方人员投诚，或者当副词用，表示坚定的语气"。两个字在一个字组内的位置颠倒一下，就会引起如此重大的变化，这个原因并非简单。

第三种情况：既拼合又糅合的反正字组。新字组的第一义，意义模式为：新字组 [a+b] → （a+b），新字组的第二义，意义模式为：新字组 [a+b] → （c），如：（1）左右：第一义拼合字组（保留各自的原义），指左面与右面；还糅合成字组：支配与控制。（2）东西：第一义拼合字组，指东面和西面；还是糅合字组：泛指具体或抽象的事物，也特指人或动物（含爱或憎的感情）。（3）是非：第一义拼合字组，指对的与错的，正确与错误；还是糅合字组：纠纷与口舌。（4）长短：第一义拼合字组，指时间与距离的长和短，还是糅合字组：是非与好坏；相关与牵涉；高和下与优和劣。（5）高下：第一义拼合字组，指高度的两极即高与低；也是糅合字组：指差别；好坏与优劣；胜负；贵贱。(6) 前后：第一义拼合字组，用于空间，指事物的前边与后边，也表示时间的先后；也是糅合字组：指自前到后的经过与过程。也指尊卑秩序。(7) 虚实：第一义拼合字组，用于虚或（和）实；也是糅合字组：泛指内部的真实情况。(8) 天地：第一义拼合字组，即指天和地；糅合字组：指自然界和社会；天地神灵；境界、境地。(9) 雌雄：第一义为雌性和雄性；也是糅合字组：比喻胜负、强弱与高下。(10) 生死：第一义拼合字组，指生或（和）死；也是糅合字组：犹如死活，表示坚决；同生共死，形容情谊极深；相互间彼生我死，不可调和，等等。

英语中的反合式词组，情形不一定像汉语那样，它有它自己的形式，如 a tall short man（在矮人中仍算高的人），rain or shine, good and / or bad, black and white, right and / or wrong, 还有一大批采用矛盾修辞法（oxymoron）构成的反合词组 cruel kindness（残酷的善良），sweet bitterness（甜蜜的痛苦），sweet lies（甜蜜的谎言），beautiful tyrant（美丽的暴君）等等，很能体现反合的运动规律。上述反合式词组中，有的形成了固定搭配，有的尚未形成固定词组。

汉语中也有尚未成为固定用法的字组。如汉语中的"活死人"（命悬一缕的几乎快死了的人）、"活鬼"（比喻活动着的鬼）、"小大人"（行为举止像大人的小孩）都是可以接受的字组。

把两种相反意义的（汉）字与（外语）词组合在一起，也是普遍现象。这正好反映了思维与事物中的反合现象在语言中的纠缠。只要我们不把汉语的"曲直"与"有无"；"舍得"与"横竖"；"左右"与"东西"之类看成是一个基本单位，而是由两个（以上）基本语言单位（即汉字）形成的字组，那么，其他语言中这样的词组也不过是两个以上的基本语言单位（词）的组合，这就是说，自然语言中的反合式字组与词组都统一在几个基本语言单位的组合之上，就是普遍的事实了。

由此可见，思维与事物的一体两面的矛盾对立终而走向和谐的过程，淋漓尽致地体现在汉语反合式字组和其他语言的反合式词组中。

2.4 两个并列的半句（对联）

楹联即对联——请注意"对联"这个说法里有"对"这个字——两个相对的并列的半句，有反合意味。巧妙楹联俯拾即是，仅举一例即足（苏轼：吉水龙济寺联）。

天上楼台山上寺

云边钟鼓月边僧

上例中，"天上"与"云边"，"楼台"与"钟鼓"，"山上"与"月边"，"寺"与"僧"，分别相对，而不完全相反，这可以说是对相反相成的模仿。缺一联，也可以为美，但那是残缺的美。将两者合观，方为黑格尔的"完善"之美。也就是说，反合促成了语言的完善之美。这一点不仅关涉到语言中是否有反合式语迹，还进一步地让语言表达更完善，更美。

3. 全文讨论与结论

正如海德格尔所说，"人在语言中发现了他存在的适当的处所（the proper abode of his existence）"。果然，在几个反合式语迹（音与声相和、汉语两端字与外语两端词、反合式字组与词组、两个并列的半句）中，我们发现了人类自己存在的方式即适当的处所（Heidegger，1982：57）。也就是说，几个反合式语迹的构造方式恰好就是事物与思想运动的方式。

如果不是"反合"这一术语（"反"与"合"形成尖锐对比）的索引与提示，本文作者就不会领悟司空见（听）惯的拼音何以会如此有效，也不会对两端字与两端词作重新的认识，也不会发现两个并列的半句之美及美在何处，更不会第一次发现汉语反正拼合字组与反正糅合字组以及既拼合又糅合的反正字组的三种复杂的内部关系。如无反合论的引导与搜索，以上诸般奇妙的构词关系就仍会熟视无睹。这证明，"反合"这一术语能提供更多的线索并确实地引申出更多的新发现，它是一个可胜任的术语。

哲学可以把人的视线带出一切限制的疆界。这表现了哲学洞穿一切的发现能力。

哲学家关心物的存在，语言哲学家将这样的关心变了一个样子，即进入到词语对物的关系中。"此关系不仅仅是一方面存在着的物与另一方面存在着的词语的联系而已，词语本身就是关系，这种关系总是在词语自身中以一物存在着的这种方式保持着物。"（Heidegger，1982：66）是的，词语本身就是关系，而这种关系总是（在词语中）保持着物。我们不是在几个反合式语迹中，看到了一体（一物、一事、一过程）的两面的关系——又反又合这样的关系吗？

结论之一，"反合"这个新增的术语，与其他五个术语或表达式一样，能概括与说明思维与事物的一体两面的既相反、相克而又相合、相谐的变化和运动规律。它与其他五者联通，相互补充与映照。它具有一些方便之处，具有术语索引之力，但它有独特的含义，故不可被其他五个术语或表达式取代。

"反合"的独特含义是：（1）思维与事物的一体两面的相反相成；（2）一个思维过程、一物、一事件的内部矛盾与对立着两面的转换；（3）突出反也守住了合，即"相反状的合"，合字是核心词。反与合，缺一不可。另外，"反"与"合"的生成是自然的，起之于思维与事物变化和运动自身，不是人为从外部强加的。缺了"合"的反，肯定不是事物自身的变化和运动，是没完没了的乱，是持续的无序；缺了"反"的合，就不是思维与事物的自身的变化和运动。反合才是稳妥的合。

"反合"这一术语是讨论哲学问题的一个方便的语言框架。

新的术语或表达式成功（如果成功），不啻为一次新的思想洗礼。即使"反合"这个术语不能被立即接受，本文的论证过程本身也是一次思想的洗礼与碰撞，因为论证本身有助于理解语言哲学何以是语言哲学，体现"哲学从谈论对象到谈论词语的转变"（Quine，1960：271），因而本文特别重视处理词语、理清意义及梳理概念。总之，在思维训练上与方法论上，本文具有一定的意义。

结论之二包括三个方面：

（1）我们发现了"反合式语迹"：音声相和、汉语两端字与外语两端词、反合式字组与词组（即[汉]反正拼合字组–反正糅合字组、拼合又糅合的正反字组以及[外]反正结合词组），最后，（汉）两个并列的半句。

（2）而且，所发现的反合式语迹可以解释人的存在方式、思维发展的方式及世界存在的方式。诚如海德格尔所说，"词语本身就是关系，这种关系总是在词语自身中以一物存在着的这种方式保持着物。"（Heidegger，1982：66）

（3）"反合"这个术语确有"索引之力"。

参考文献

Bunnin, N. & J. Y. Yu. 2001. *Dictionary of Western Philosophy: English-Chinese*（西方哲学英汉对照字典）. Beijing: People Publishing House.

Frege, G. 1952. On sense and reference. In P. Geach & M. Black (eds.) *The Philosophical Writings of Gottlob Frege*. Oxford: Blackwell.

Hegel, G. W. F. 1999. *The Science of Logic*. Cambridge: Cambridge

University Press.

Heidegger, M. 1982. *On The Way to Language*. Australia: Harper Collins Publishers.

Lao Tzu. 1998. *Tao Te Ching*. Beijing: Foreign Language Teaching and Research Press.

Quine, V. 1960. *Word and Object*. Cambridge, Mass.: The MIT Press.

Russell, B. 1972. *A History of Western Philosophy*. New York: Simon & Schuster.

Thilly, F. 1914. *A History of Philosophy*. New York: Henry Holt & Company.

冯友兰. 1992. 中国现代哲学史 [M]. 香港：香港中华书局.

冯友兰. 1996. 中国哲学简史 [M]. 北京：北京大学出版社.

老子与庄子. 2010. 老子·庄子 [M]. 长春：吉林出版集团有限责任公司.

南怀瑾讲述，蔡策编. 1992. 老子他说 [M]. 北京：经济日报出版社.

钱冠连. 2003. 语言全息论 [M]. 北京：商务印书馆.

钱锺书. 1994. 管锥编 [M]. 北京：中华书局.

赵朴初. 2011. 书法赵朴初 [J]. 新快报（12-27）：B11.

（原文首发于《当代外语研究》，2013年第1期）

模糊指称：无穷递增和无穷递减的跨界状

摘　要：本文探讨以下三个问题：（1）指称模糊何以是个哲学问题；（2）奎因处理模糊性词语的思路；（3）无穷递增和无穷递减的跨界状。本文指出：以具有跨界状的词语（如"堆"）去指称世界的一个对象（如"沙的一堆"），就产生了指称的模糊，或曰模糊指称；本文提出的"无穷递增和无穷递减的跨界状"这个概念在哲学上的方便之处在于，它使人们清晰地认识到，无穷递增和无穷递减的跨界状是模糊指称的固有属性，也是人们无法逃离模糊指称的根源。因此，本文指出，逃离模糊指称不仅不必要，而且还有害。为支持"无须逃离模糊指称"这一命题，本文还提出了一个"抓犯罪嫌疑人假想实验"，最后指出无穷递增和无穷递减的跨界状两点启示。

关键词：模糊指称；跨界状；无穷递增（递减）跨界状；抓犯罪嫌疑人假想实验

On the Infinite-increasing and Infinite-decreasing Borderlines Cases in Vague References

Abstract: This paper discusses three issues: the reason why vague references (VR, hence) are a philosophical problem. Quine's solution to vague terms, and "the infinite-increasing and infinite-decreasing borderline cases". The author holds that vagueness of references emerges when a term (e.g. heap) with borderline cases refers to an object (e.g. a heap of sand) in the worlds. The philosophical convenience of the concept, "the infinite-increasing and infinite-decreasing borderline-cases", lies in that the concept makes people clearly recognize that such a borderline case is an intrinsic attribute of VR, and it is the root for people to have no way to escape from VR. So, this paper emphasized that to escape from VR is not only uncalled-for, but also harmful. To support the conclusion, a hypothetical experiment of how to hunt a suspect is, therefore, designed in this paper. As a conclusion, philosophically, we may draw inspiration from "the infinite-increasing and infinite-decreasing borderline-cases" in two aspects.

Key words: vague reference; borderline cases; the infinite-increasing and infinite-decreasing borderline cases; hypothetical suspect-hunting experiment

1. 指称模糊何以是个哲学问题

"对象"（object）是语言哲学的核心词之一。西方哲学家长久以来追求表述对象的确定性（certainty），为的是最终认识存在物（beings）与存在（being）的确定性——这是西方哲学的经典论题之一。语言中，最能体现语言与存在关系的东西，当然是名称（大抵上有四类名称）。名称指向对象物，便有了指称过程。有些名称指称对象一目了然，便是明确指称，于是对象物的存在就是确定的，哲学家为此而安心；有些名称指称对象是模糊的（vagueness，而不是ambiguity，即模棱两可，甚至模棱三可。本文论及前者，不涉及后者），随之，存在就是不确定的。指称的模糊直接威胁到哲学家对对象的确定性的把握，就是直接威胁到他们的研究任务，这当然便成了一个哲学问题。下面是一个证明。

那个被无数大学生和学者无数次引用的命题"我思故我在"，因其引用过滥，其本来的思想指向都被人们遗忘了。笛卡尔的认识论始于对确定性、不容置疑的起点或基点（an indubitable starting-point or foundation）的追问。只有在确定性、不容置疑的起点或基点的基础之上，进步才是可能的。他的这一思路，贯穿了怀疑的方法。最终他提出了有名的"Cogito ergo sum"（I think therefore I am）。"他把确定性的要点放在了我·自·己·的·自·身·的·我·自·己·的·意·识·中（in my own awareness of my own self）（着重号为本文作者所加，下同），笛卡尔对认识论给出了第一人称的转折"（Blackburn，2000：101）。引用者中，很少人记住这个著名命题是为了认识的"确定性、不容置疑的起点或基点"，更少人能够理解"把确定性的要点放在了我自己的自身的我自己的意识中"，当然也不理解什么是"对认识论给出了第一人称的转折"，他为什么说I...I...，而不说He thinks therefore he is？也不说You...you are。只有"我"自己才确定性地知道我在思考，确定性知识便是"第一人称的转折"的哲学指向。《庄子》（"秋水"，见黄绳，1991：227）有一寓言：公子牟……仰天而笑曰："陷阱之蛙……谓东海之鳖曰：'吾乐与！'……"如有好事者抬杠，诘问公子魏牟："子非蛙，焉知蛙之乐？"公子魏牟可以如此反驳好事者："子非蛙，焉知蛙之不乐？"这种争论在当时不会有明确的理论性答案。直到笛卡尔，他告诉我们：你知，不是确知；他知，也不是确知；只有乐的主体说"我真快乐啊！"，"我"快乐不快乐这件事才确知（certain—certainty）。蛙"把确定性的要点放在了我自己的自身的我自己的意识中"，完成了第一人称的转折。此时，哲学家才放心地完成了任务。同样，当指称模糊的时候，确定性便产生了危机。于是，解决危机（这里是模糊指称）理所当然地成了哲学家的重要议题。

词语模糊是相对于词语明确而言的。"一个非常明确的词语就不会产生跨界状（态）（borderline cases）……甚至对于一个很基本的观察断言（比如说'此物呈红色'）都允许跨界状（红色跨了橘黄色与紫色）。即使我们十分小心地让词语尽量明确，但是，不可预见的偶然性、新种类的发现、属性的新组合（事）物，都可能随时产生难以对付的跨界状，这个状态的分类总是纠缠不清的"（Blackburn，2000：389）。

下面，我们先看看奎因处理模糊性词语的思路，然后对跨界状实质进行分析，提出无须逃离模糊指称这一结论，为了支持这个结论，文章提出一个"抓犯罪嫌疑人假想实验"。

2. 奎因处理模糊性词语的思路

毫无疑问，指称是语言哲学的核心内容之一。奎因认为词语的模糊性是指称的异常多变（vagaries）现象。他对模糊性的研究，总的来说，是采用了发生学的方法。他指出，"社会成员在学习时就必须接受类似的模糊不清的边界（fuzzy edges）。这就是最初学习的词语不可避免具有的模糊性"（Quine，1960：125）。显然，他认为，就是这个"模糊不清的边界"导致了词语的模糊性。"模糊性不仅侵入了普遍词项（如 mountain），也侵入了单称词项（如 Mount Rainier）"（同上：126）。他又指出："为一物理对象命名的单称词项的模糊性在于其对象在时空界限上的不确定，而普遍词项的模糊性则在于其外延可宽可窄而不确定"（同上：126）。

他对词语模糊性的处理思路与补救办法是，其一，用两极对立词的相对化或可消除模糊性，如在"大""小"两极之间加进相对的"较大""较小"。在"热""冷"两极之间加进相对的"较热""较冷"等等。可是，他立即指出，"但此种方法并不是解决模糊性问题的万能灵药"（同上：127）。其二，"不随便触动模糊性……熟练地利用模糊性比精确的技术术语的组合更能达到准确性的效果"。本文作者在提出自己的解决方案时，特别注意到了这一观点。其三，"模糊性有助于处理线性话语"。其四，"模糊性并不影响含有模糊词语的日常语句的真值。……如果受到影响，……就会迫使我们引进一种新的语言惯例或改变了的用法以消除有关部分的模糊性。只要这种压力还未产生，我们不妨保留模糊性。因为我们暂时还不能判定哪一种概念框架的转换会最有效"（同上：128）。

其实，从上面奎因开出的单子，一看就知道，处理办法有点无可奈何，而思路却是清晰的。第一条还算是办法，第四条也不失为是一个办法，但是马上又被他的退让话语（"只要……，我们不妨保留模糊性"）取消掉了。不但如此，还为模糊性评功摆好："模糊性有助于处理线性话语"，"模糊性并不影响含有模糊词语的日常语句的真值"。

总的来说，他对词语模糊性问题的解决思路是："不随便触动模糊性。……熟练地利用模糊性比精确的技术术语的组合更能达到准确性的效果。我们不妨保留模糊性"。这一思路使我们深受启发。

奎因对解决模糊指称多多少少表现出无可奈何之状，其根子在于，他没有发现跨界状的无穷递增和无穷递减的性质。这正是本文要解决的问题。本文受奎因的启发，提出无须逃离模糊指称。为支持这一命题，本文提出一个"抓犯罪嫌疑人假想实验"。

3. 无穷递增和无穷递减的跨界状

Tanesini（2007：177）指出，"如果一个词语的运用范围产生了跨界状，该词语就可认为是模糊的"（Vagueness is a term to be vague if its range of application has borderline cases）。这个定义是可以接受的。按我的理解，跨界状，是词语，例如"秃头"（bald）或者"堆"（heap），对一个世界对象（例如"秃头"或者"一堆"）所包含的边界不定的状态的承认，而不是创造自然语言的人在创造这个词语时出了错。

那么，以具有跨界状的词语（如"堆"）去指称世界的一个对象（沙的一堆），就产生了指称的模糊，或曰模糊指称。这是本文的定义。

词语"秃头"可认为是产生了跨界状的。就是说，存在着这样的个体，他既不是清楚的秃头，也不是不清楚的秃头。对于秃头，社会上从来没有一个清楚的认同，比如说，从来没有诸如头顶上存在无发区为 $2 \times 3 = 6$（方寸）者可视为秃头的共识与表述。假如公认如此，凭什么说 6+1（方寸）或者 6-1（方寸）就不是秃头？如果接受了 6+1 或者 6-1 也为秃头，那么，凭什么就说 6+1+0.1 或者 6-1-0.1 就不为秃头？如果接受了 6+1+0.1 或者 6-1-0.1，凭什么就不能接受 6+1+0.1+0.1 或者 6-1-0.1-0.1？如此这般，就形成了我称之为的"无穷递增和无穷递减的边界划分"。这样，就把不定的跨界状，变成了无穷递增和无穷递减的跨界状。这就是说，企图给一个本来具有无穷递增和无穷递减的跨界状的认知对象划定一个明确或者精确的界限的努力是徒劳的。事实上，在模糊指称的运用层次，人们只要在某人的头顶上发现一块相当的无发区，无须明确划定一个确数的无发区域，瞬间即可断定并称呼某人是"秃头"。

我们提出"无穷递增和无穷递减的跨界状"这个概念的哲学上的方便之处在于，它使人们清晰地认识到，无穷递增和无穷递减的跨界状是模糊指称的固有属性，也是人们无法逃离模糊指称的根源。

4. 抓犯罪嫌疑人假想实验

先说"堆"悖论。词语的模糊性往往是某些悖论的根源。有名的"堆"（heap）悖论，可为一例。欧布里德（Eubulides，亚里士多德的同代人）指出，"一粒（grain）沙不是一堆，而且，看起来为真的是，增加一粒沙到尚未成堆的沙上去，也不能把它变成一堆。然而，如此反复地运用这一原则，我们就会落于一个悖论的圈套中：即便一百万粒沙也不能做成一堆"（Tanesini，2007：151）。既然一百万粒沙也不能做成一堆，那么，一百万+1（粒）或者一百万–1（粒），也不能做成一堆。于是，这里又出现了无穷递增和无穷递减的跨界状，最后只好取消精确划界的做法。

"当我们从一堆沙中减去一粒沙时，我们会得到同样的悖论结果。我们不得不下结论说，即便只有一粒沙也算是一堆"（同上：151）。这是怎么一回事呢？不难想象，从一堆沙中减去一粒，那一堆仍然被称为"一堆"，那么，再减去一粒，那一堆也仍然可以被称为"一堆"，如此这般减少下去并同时称呼（"一堆"）下去，最开始被称为"一堆"的沙，只剩下最后一粒了，你还得叫它叫作"一堆"。正是"再减少一粒也还是一堆"的原则，即无穷递减，把你引向了悖论：一粒沙也被称为"一堆"。请注意：上面的"被称为"特别重要，如果没有人需要指称它，词语"一堆"是没有必要产生的。

现在，让我们提出一个解决"堆"悖论的假象思路：既然这个悖论的根子在于词语"一堆"的模糊性，那么看起来解决这个悖论一点也不难：我们将模糊的词语（比如"一堆"）明确定义吧，通过协商，假如我们规定一百万粒沙为一堆好了。此规定既成，从这一瞬间开始，我们就陷入了更多的困难。有哪一个傻瓜在它称为"一堆"之前去认真地数了数有没有精确的一百万粒呢？又有哪一个傻瓜会去将多一粒或少一粒的情状不叫"堆"呢？因为事实上，"一堆"的集合中包括了超大堆、大堆、中堆、小堆、超小堆……于是，这一集合就自动地取消了对"一堆"的任何精确规定。严格地说，在运用中，精确定义也并未改变无穷递增和无穷递减的跨界状的发生，精确定义成为多此一举。

现在，我把这一假象思路发展成为"抓犯罪嫌疑人假想实验"，即明确定义的悬赏通告抓不住犯罪嫌疑人。这个假想实验的目的是证明，在模糊词语的运用层次上，逃离模糊指称不仅不必要，而且还是有害的。这个假想实验是这样设计的：

抓犯罪嫌疑人悬赏通告1中，对某个犯罪嫌疑人的外貌特征是这样描述的：瘦高个，身高约1.7米，抠眼儿，操河南口音，中年人。（无照片）

通告2中，对同一个犯罪嫌疑人的外貌特征是这样描述的：瘦高个，身高1.735米，抠眼儿（眼窝陷坑深有0.3厘米），操河南南阳口音，中年人，年龄43.5岁。（无照片）

结果是，读过通告1的公民能向公安部门提供大量犯罪嫌疑人逃窜的信息，他们根据通告1提供的跨界区宽的数据特点，能够一一进行及时的、现场核对。公民可以在近距离或者在不打草惊蛇的范围内核对犯罪嫌疑人，公民自己不露痕迹，从而确保了自己的安全。这就是说，如果词语跨界区宽一些

（但有一定限度），认知主体据以形成自己的综合模糊指称判断就容易一些。

然而，读过通告2的公民，几乎不能提供任何犯罪嫌疑人逃窜的信息。因为通告2提供的信息太具体、太精确，即词语跨界区太窄，无一数据能够及时地、现场地加以核对，如对身高约1.735米无法量身，对眼窝陷坑深有0.3厘米无法核对，对南阳口音不知情（比河南口音跨界窄得多）、对年龄43.5岁无法面对面询问。如若不然，就很容易吓走犯罪嫌疑人。这就是说，词语跨界区越窄（越精确），认知主体据以形成自己的综合模糊指称判断越困难。综合模糊指称判断是准确、及时判断的认知基础，模糊不是不得已的让步，而是自然的认知基础。

5. 结论

凡是呈现连续体的对象（世界一物或一过程），模糊指称是其特征，是其本相，为这一物或一过程起名的词语，就会自然地承认这个本相，生成跨界状，显现模糊性。如前面所提及的"秃头""堆"，就是这样。如果给光谱中黄色与绿色的过渡带取名，给婴儿期与童年期之间的过渡年代起名（即生成词语），必有跨界状。跨界状实际存在着，人们本来可以无须划清界限，如果硬要划界，那是人们为了认知世界上实在自身（reality itself）的需要。可是，在模糊词语的运用层次上，逃离模糊指称不仅是不必要的，而且还是有害的。与此相对照的是，内涵语境是必须逃离的（Quine，1960）。

综合上述，无穷递增和无穷递减的跨界状对我们有两点启示：（1）模糊词语引起悖论的原因之一，悖论的消解是有方案的。比如"否认连续推理中的第二个演绎前提（小前提）、引进真值程度理论、将类逻辑变换成模糊逻辑就是三个消解悖论的方案"（Solutions include approaches on denying the second, inductive premise, introducing "degrees of truth", modifying classical logic into fuzzy logic)(Blackburn,2000：357)。(2) 但是，模糊指称是事物或一过程的本相，是没有解决方案的。一旦承认跨界状的无穷递增和无穷递减的性质，就会消除对模糊指称的无可奈何的感觉，就会坦然地说，无须逃离模糊指称。

本文提出"无穷递增和无穷递减的跨界状"这个概念的哲学上的方便之处在于，它使人们清晰地认识到，无穷递增和无穷递减的跨界状是模糊指称的固有属性，也是人们无法逃离模糊指称的根源。

参考文献

Blackburn, S. 2000. *Oxford Dictionary of Philosophy*. Oxford: OUP.

Quine, V. 1960. *Word and Object*. Cambridge, MA.: The MIT Press.

Tanesini, A. 2007. *Philosophy of Language A-Z*. Edinburgh: Edinburgh University Press.

黄绳. 1991.《庄子》——先秦文学的奇葩 [M]. 香港：中华书局 （香港）有限公司.

（原文载于《外语教学与研究》，2015年第1期）

人自称与物被称的数目的巨大不对称

    摘　要：本文首先观察汉语"我"（的）丰富的变体这一自关心现象，并设置"人自称、人被称、物被称"三元并存范畴，其意义在于：（1）彰显人对自身生存状态的自关心，人自称的高度复杂性使我们认识到人的高度复杂性。（2）彰显人对自身生存状态的自关心、对他人生存状态的他关心、对物的他关心之间的差异。这一差异不仅提示人自称对语言的复杂诉求终归可以看成人对自己的优先彰显，而且顺便解释 Frege 关于"呈现方式与认知内容"不能解释的人自称的（超）多变体现象。（3）研究"我"变体可与海德格尔的"此在"相呼应。"'我'是此在的本质规定性。"在 *Being and Time* 里，人的优先地位以海德格尔式的阐释方式实现，在汉语里则以人自称的方式实现。人自称正是在进行"对自己存在的解说"！

    假如某物在特定语言中的指称方式多有变体，该物的"存在和出场"比他物得到更多张扬。人对世界一人一事的称呼与描述，其实是以自己的眼光干涉其中的。

    关键词：不对称；"我"变体；物被称；人的优先地位

On the Enormous Asymmetry of Amounts of the Calling-oneself-one, and Referents of Something

Abstract: The paper discusses, first of all, the phenomenon of "I-focus-my-attention-on-myself" in terms of the enormous variants of "wǒ" in Chinese (as "I" in English), then, sets up a triadic category of the "calling-oneself-one" (the variants of "wǒ") — the "referred –one" (the second and third person)—referents of something. The significance of the triadic category lies in that 1) The category explicitly displays that man focuses his attention on the existence state of his own and that the high complication of the calling-oneself-one enables us to recognize the high complication of man himself; 2) The category explicitly displays discrepancies between man's attention on the existence state of his own, man's attention on that of others, and man's attention on things. Such a discrepancy not only indicates that the complex appeal of the calling-oneself-one to language should be taken eventually as a preferential display for man-himself, but also may explain in passing the phenomenon of (extremely) enormous variants of "wǒ" in Chinese which may not be explained in terms of "the mode of representation and cognitive content" proposed by Frege; 3) The variants of "wǒ" in Chinese and Heideggerian Dasein may echo each other. "The 'I' is an *Essential Characteristic of Dasein*" (Heidegger, 1990: 152). In *Being and Time* the preferential position of man is achieved by means of Heideggerian hermeneutics, while in Chinese it is done by means of the calling-oneself-one. The calling-oneself-one is, hereby, nothing but "the explication of Being-one's-self" (Heidegger, 1990: 149).

If reference of a thing in a specific language has a large variant, the being or presence of the thing becomes much more explicit and open than others. As a matter of fact, names and descriptions given to a person or a thing must be interfered with by means of human eyesight.

Key words: asymmetry; the variants of "wǒ", referents of something; the priority of man himself

1. 理论取向

说哲学的分析潮流早已结束，说"形而上学已经恢复了它（在哲学中）的中心地位"（苏珊·哈克，2004），都威胁不了本文的研究进路，因为它是**后语言哲学的思路**。后语言哲学与经典语言哲学的**相同之处在于**：（1）从语句人（in linguistic terms）；（2）从世界出（达至世界与思想）。后语言哲学区别于经典语言哲学的特点在于：（1）吸取西方语言哲学（包括分析传统和欧洲传统两部分）的营养，不炒作它的老问题，而是**节外生新枝**；（2）生出什么新枝呢？从日常社会生活中寻找一个一个具体的语言问题，从词语分析（形而下）找入口，从世界与人的道理（形而上）找出口，管住入口与出口，同时让选题与风格多样化；（3）**重视汉语语境**，实现西方语言哲学的本土化。

2. 相关论证

针对同一性（identity），与a=b（the Morning Star is the Evening Star）、a=a之间的不同，Frege指出了呈现方式（the mode of representation）与认知内容（cognitive content）的不

同。寻此不同，他认为，含义并不就是指称（Frege，1952）；也可以解释一物两名甚至三名（见下文）现象，但不能解释本文所发现的人自称的（超）多名（多变体）现象。补上这个漏洞，是生成本文的直接推动力之一。

一则流传在海外华人中的笑话——《洋人求学记》是本文的主要语料：有一个老外为了学好汉语，不远万里，来到中国，拜师于一位国学教授门下。第一天老外想挑一个简单词汇学习，便向老师请教英语I在汉语中应该如何说。

老师解释道：

（在）中国……当你处在不同的级别、地位，"I"也有不同的变化，就像你们英语中的形容词有原级、比较级、最高级一样（这一比喻不妥——本文作者）。

比如，你刚来中国，没有地位，对普通人可以说："我、咱、俺、余、吾、予、侬、某、咱家、洒家、俺咱、本人、个人、人家、吾侬、我侬。"

如果见到老师、长辈和上级，则应该说："区区、仆、鄙、愚、鄙人、卑人、敝人、鄙夫、鄙躯、鄙愚、贫身、小子、小可、在下、末学、小生、不佞、不才、不材、小材、不肖、不孝、不类、走狗、牛马走、愚小子、鄙生、贫生、学生、后学、晚生、晚学、后生晚学、予末小子、予小子、余小子。"

等到你当了官以后，见到上级和皇帝，则应该说："卑职、下官、臣、臣子、小臣、鄙臣、愚臣、奴婢、奴才、小人、老奴、小的、小底。"

见到平级，则可以说："愚兄、为兄、小弟、兄弟、愚弟、哥们。"

见到下级，则可以说："爷们、老子、大老子、你老子、乃公。"

如果你混得好，当上了皇帝或王爷，则可以说：朕、孤、孤王、孤家、寡人、不穀。如果你不愿意当官，只好去当和尚、道士，则应该说："贫道、小道、贫僧、贫衲、不慧、小僧、野僧、老衲、老僧。"

最后一点必须注意，一旦你退休了，便一下子失去了权利和地位，见人也矮了三分，只好说："老朽、老拙、老夫、愚老、老叟、小老、小老儿、老汉、老可、老躯、老仆、老物、朽人、老我、老骨头。"

上面一百零八种"I"，仅仅是男性的常用说法。更多的"I"明天讲解。

老外听了老师一席话，顿觉冷水浇头，一个晚上没有睡好觉。第二天一大早便向老师辞行："学生、愚、不材、末学、走。"退了房间，订了机票，回国去了。

任何一个说话人都可以用第一人称"我"指称自己，即把自己当作一个世界对象来指称。这便是**人自称**。

（2）物被人称叫作物被称，结果出现事物的名字，与人自称形成对立。既然是任何一个说话人，"我"的指称对象就是暂时的、变动不居的（Quine，1960：173）。每换一个人自用"我"于己，指称对象就换一次。这种"自我中心特称词"（egocentric particulars）（Russell，1940：116）的外延与说话人及其时空位置有着相对性，并有赖于说出它们时的语境。"它们会影响包含有它们的命题的真，因为这样的命题不能有恒常的真值。可以说它们有外延而无内涵。"（尼古拉斯·布宁著，余纪元译，2001：286）但是，我们会发现，汉语"我"的每一个变体除了有所指（外延）外，还有内涵。

正是因为"我"的每一个变体都有内涵，才有这篇论文所讨论的问题。

汉语从古到今出现了大量的"我"的替换词（变体，以下简称"'我'变体"），它们可能吓退一个现代初学汉语的外国人，却大受几千年汉语母语使用者的欢迎。这说明一个问题：在称呼我自己时，仅"我"这一基本词（字）不足以介绍我。

猜想其原因，**恐怕是"我"还不足以张扬人性**，不能给出社会身份与身价、社会地位与等级的种种附加信息。

以上语料表明，人自称（本文只涉及汉语使用中的男性）怎样使用丰富多彩的"我"变体，同语境密切联系：面对普通人的时候；见到老师、长辈和上级时；自己当了官以后见到上级和皇帝时；见到平级时；见到下级时；自己当上了皇帝或王爷时；自己当了和尚、道士时；一旦我失去了权利和地位时；等等。

这一切都是为了增加"我"出场（我存在）的凸显度。之所以如此，是因为人需要对自身生存状态的自关心。

汉语"我"变体是支持英美语言哲学家所谓"第一人称优先性"（preferential first person）的最有说服力的证据。从认识论角度来说，人自称相对于物被称所具有的优先性，普及到一切人称对（一切）物称的优先性，反映出人类在认识世界的过程中基本上都遵循着由己及人、由人及物的循序渐进的认知路径。

在使用"我"之前，我只是不被人注意地存在着。"我"名我，我便出场与现身了。"我"才能使我自己出场与现身。笔者曾经指出，"我们以言说使世界中的一物（实体或虚体）现身的同时，也使自己在世上出场或现身。……人在世上的出场比物的出场更具有意义。只有人的出场才使物的出场成为可能"（钱冠连，2005卷首语）。这是第一个阶段。

第二个阶段，运用"我"变体，我的出场便获得种种凸显度。超大量的**"我"变体将原来隐匿的人性需求（张扬出社会身份与地位）凸显、隆重地公开出来。**

本文对汉语人自称的高度凸显与张扬的观察结果，与海德格尔"关注人的现实性，即'一个真实的人的存在或生存到底是怎样的？'这个问题具有哲学优先性"（Heidegger，1999，1962）不谋而合。在汉语人自称超丰富的表达里，我们读出海德格尔所谓"一个真实的人的存在或生存"状况。海德格尔的详细解释是："对自己存在（Being-one's-Self）的解说使我们得以看见我们或者可以称为日常生活（everydayness）的'主体'那样的东西，即常人（the 'they'）"（Heidegger，1999，1962：149-150，着重号为本文作者所加）。他说的"常人"不是本真生存而是非本真生存的人。但是，我们**这里的人自称正是在进行"对自己存在的解说"**！他又说，"这个谁是用我自己、用'主体'、用'自我'来回答的"（Heidegger，1999，1962：150）。请注意，"我自己""主体"及"自我"都可以回答"谁"，"我自己""主体"及"自我"在日常用语里便是本文强调的人自称的种种变体。其实，人自称就是反省的"我"的意识，用海德格尔的话说，便是reflective awareness of the "I"（Heidegger，1999，1962：151）；他又说："'我'这个词只可领会为某种东西的不具约束力的形式标记"（Heidegger，1999，1962：151-152）。

可见，**研究"我"变体的重大意义在于能与海德格尔的"此在"相呼应，"我"是此在的本质规定性**。海德格尔不无暗示地说，"如果'我'确实是此在的本质规定性之一，那就必须从生存论上来解释这一规定性"（Heidegger，1999，1962：152）。他意在提示，"我"是此在的本质规定性。在 *Being and Time* 里，人的优先地位以海德格尔式的阐释方式实现。在汉语里，则以人自称的方式实现。**人自称正是在进行"对自己存在的解说"**！

人自称的情况因时因地因文化不同。当它与张扬人性的种种附加信息相交时，变得高度复杂起来，不同的附加信息用于不同的"我"变体。

这与物被称的情况不同。最明显的不同在于，同人自称并列的名称非常多，然而同物被称并列的名称则少很多。一物一名，这是非常普遍的情况。一物两名者较少，如"蕃茄"与

"西红柿"。一物三名者，也较少（参见下文）。那么，物被称为什么少很多？

一物两名或三名之间，正如Frege（1952）所指出，其表达方式与认知内容彼此有别。一物如Venus，清晨出现，人们叫它the Morning Star；晚间出现，人们称它为the Evening Star。Frege指出了这两个名称（后来罗素称为"摹状语"）的极为重要的两点区别：一是这两个名称的呈现方式不同（the mode of presentation），二是认知内容（cognitive content）有别。我们增加的例子是一物三名，如有一物，它是块状粗根植物，汉语使用者可以根据形状像挂在马脖子上的铃铛叫"马铃薯"，根据它从南美洲引进中国这一渊源叫"洋芋"，根据它形如黄豆且埋在土里故叫"土豆"。这三个词体现出三种不同呈现方式与认知内容。我以为，一物两名与三名的区别是不同地域的人根据指称对象的物理性状的不同感知而定名的，也只需要物理性状就可以完成对物的区分性指称。然而，物理定性是外在的、固定的，根据物理性状定名与定多少名相对容易把握。

也就是说，一物多称的低概率是源于对事物物理性状的认知脱离语境的可能性较大，或者说语境依赖性较小，即语境敏感度（context-sensitivity）低（这一思想得益于梁爽提醒）。然而，以"我"变体称名我时，我的物理性状不变也无须涉及，但我作为人，其人性张扬与社会性状却必须顽强地、细微地涉及。"我"的种种变称传达出不同的社会性状（社会身份，如级别与地位）。"在下""卑职""为兄""哥们""爷们""朕""贫道""老朽"以不同呈现方式与认知内容显示出不同的社会身份的贵贱与色彩。人性与社会性状是内在的、多样的。据此定名与定多少名，不容易把握。也就是说，人自称的众多变体源于语境敏感度高，即语境依赖性大，可脱离语境性为零。这是人自称超多名现象的内在驱动力之一。

我自称对人性张扬与社会性状的要求的无限性与模糊性、物被称对物理性状的要求的有限性与精确性，是前者复杂多变与后者简单少变的原因。这是两者一多一少的内在驱动力之二。

上述内在驱动力之三是，人们为了减少称呼的记忆负担，尽量减少物体与事物的名字，这才符合语言的经济原则。如果物被称之名也像人自称那样多，语言体系就会膨胀到人们无法承受的程度。这一点和梁瑞清（2008）提出的语言地图说有相通之处。这是物被称时并列之名在竞争中淘汰多、存活少的重要原因。可是，为了凸显人性与社会性状，在人自称这一个项目上（毕竟是少数），即使牺牲语言的经济原则也是值得的，因为在一个项目上膨胀，总量不会大到人们承受不了的程度。这是人自称时并列之名在竞争中淘汰少、存活多的重要原因。

两者一多一少的内在驱动力之四是，并列称呼或名字之间的竞争与淘汰，**取决于一个称呼与名字体现出来的呈现方式与认知内容是否能被另一个称呼与名字取代**。"中国"与"中华人民共和国"共存，"马铃薯""洋芋"与"土豆"共存，它们谁也没有淘汰谁，原因就在于各自凸显出竞争方无法取代的呈现方式与认知内容。但是，毕竟物被称的多名之间决定竞争的优胜劣败的因素少而明确，容易导致凡是能被取代的名字都被淘汰的结果。

物体并列名称被淘汰的第五个原因是，对物体的认知修改或纠正（不是取代）进程快（这一思想得益于王爱华），而人自称涉及自抬自高的利益，这种修改几乎不愿发生。而在人自称并列名称之间，各种竞争方无法取代的因素多到难以算计，只好让许多变体共同存活。不过，汉语人自称（如前所引语料）随着时代的推进，既淘汰了一批旧称呼，也产生了一些新称呼。对此，本文不予讨论。贵称、抬高自己是为了获取尽量多的利益与名声，贱称、自谦、自贬、自揶也是为了最终保护自己的利益与名声，这或许是中国文化中特有的道德上的自谦观的生长与发展的理由。人的天性倾向于斤斤计较于社会地位与等级，于是加在名字上的隐匿信息随之增加，并列的称呼减不了多少，只能接受。

人自称的超多名现象产生的五种驱动力，都不是呈现方式不同与认知内容不同所能解释的。

以上分析大致可以适用于"你"或者you，"他""她"或者第三人称he/she的情形。这种情形恰好就是"人被称"。在"人自称"与"物被称"之间插入一个'人被称，（这一思想得益于梁爽），形成"**三元并存范畴**"，即"人自称—人被称—物被称"。该范畴分三方但不对立，可以应和由己及人、由人及物的循序渐进的认知路径。这个三元并存范畴体现人对自身生存状态的自关心、对他人生存状态的他关心、对物的他关心之间的差异。

但是，在各种语言，特别是汉语中，人被称（第二、第三人称）的社会身份的隐匿性信息变体似乎没有"我"名我时那样多。原因在于：（1）人自我膨胀之心总是多于膨胀别人，（2）可能在于我更了解、更能认知自我，对他人的了解和认知是间接的与后一步的，所以称呼方式相对少一些（这一思想得益于王爱华）。

必须对物被称的情况作一重要补充：用以指称一个对象的语词，其变体越丰富，其（主动或被动）凸显度就越高。这可能是一条对人自称、人被称和物被称都适宜的规律：**假如某物在特定语言中的指称方式有许多变体，该物的"存在和出场"比他物得到更多张扬。**

最后，汉语"我"变体的丰富与强烈的自关心是否具有普适性？西语的"自关心"如果有，应该以什么为标记？须知西方人也跟我们一样十分复杂。但是，如果这个东西不具有普适性，那么导致汉语"自关心"的特殊根源在哪儿？（这个讨论得益于刘利民、梁瑞清的提问）我们以为，这个问题可以变换成如下的问题更为方便：**如果汉语"我"变体的丰富与浓烈的自关心不具有普适性，可不可以断言它是一个文化问题而不是一个真正的哲学问题呢？我们的回答是：不可以。**（1）"我"众多变体是指称，我自身是指称的对象；而指称问题是语言哲学的核心内容之一。（2）这一切都是为了增加"我"出场（**我存在**）的凸显度；（3）汉语人自称的特别丰富与物被称的相对少量，无疑体现人的认知规律：先识己后识物。根据这三点，足以断言：**汉语"我"变体的丰富与浓烈的自关心是一个真正的哲学问题，但其中杂有地域文化现象**（也许，汉文化更怂恿人自称的超大量出现）。

3. 结论

设置"人自称—人被称—物被称"三元并存范畴的意义在于：（1）彰显人对自身生存状态的自关心，人自称的高度复杂性使我们认识到人的高度复杂性。（2）彰显人对自身生存状态的自关心、对他人生存状态的他关心、对物的他关心之间的差异。这一差异提示，人自称对语言的复杂诉求终归可以看成人对自己的优先彰显，这是不能以 Frege 提出的呈现方式不同与认知内容不同来解释的。（3）**研究"我"变体可以与海德格尔的"此在"相呼应。"我"是此在的本质规定性。人的优先地位在 _Being and Time_ 里以海德格尔式的阐释方式实现，在汉语里以人自称的方式实现。人自称正是"对自己存在的解说"！**

假如某物在特定语言中的指称方式有许多变体，该物的"存在和出场"就会比他物得到更多张扬。人对世界一物一事的称呼与描述，其实是以自己的眼光干涉其中的。

参考文献

Frege, G. On Sense and Reference. In P. Geach and M. Black (eds.) *The Philosophical Writings of Gottlob Frege*. Trans. Max Black. Oxford: Blackwell, 1952.

Heidegger, M. *Being and Time*. Translated by John Macquarie & Edward Robinson, China Social Sciences Publishing House, Chengcheng Books, Ltd. Reprinted from the English Edition by SCM Press Ltd., 1999.

Quine, W. V. O. *Word and Object*. Cambridge, Mass.: The MIT Press, 1960.

Russell, B. *An Inquiry into Meaning and Truth*. London: Jorge Allen & Unwin, 1940.

梁瑞清. 语言地图说 [J]. 外语学刊，2008（3）.

尼古拉斯·布宁著，余纪元译. 西方哲学英汉对照辞典 [D]. 北京：人民出版社，2001.

钱冠连. 语言：人类最后的家园——人类基本生存状态的哲学与语用学研究 [M]. 北京：商务印书馆，2005.

苏珊·哈克，总序一. 斯特劳森. 个体：论描述的形而上学 [M]. 北京：中国人民大学出版社，2004.

（原文首发于《外语学刊》2010年第2期，标题为《人自称、人被称与物被称》）

论工具性语言扩展式

——西方语言哲学研究之八

摘　要： 本文从塔尔斯基（Tarski）真之语义理论发展出工具性语言扩展式。在扩展式的几个实例里（在同一个叙述语篇中，一部分对另一部分的解释；文学作品中作者对人物对话方式的描写；评论语篇对原语篇的解释；翻译），重点提出了语言哲学翻译论。本文揭示了来往于社交世界与心智世界中的工具性语言运用的三条规律——高频率的再度解释（分析的重点）、对原来文本的解释总是发生衍生与变通以及失真与恢复真的斗争、对象语言之后一般都有工具语言跟着发生。工具性语言扩展式的异常大量的运用，对人的活动与行为、对社会上层建筑与经济基础，产生了深刻而长远的影响。借此我们可以进一步认识人类的语言性行为的本质的某些方面。

关键词： 对象性语言；工具性语言；扩展式；真之语义理论；解释

On the Enlargement Formulae of Metalanguage

Abstract: The author in this treatise proposed the enlarged formulae of a metalanguage, based on the semantic theory of truth proposed by Tarski, A. Having listed some instances of the enlarged formulae, the author suggested the view of translation of the philosophy of language from one language into another. The most important section of the treatise showed the three points of the application law in the extensive formulae of the metalanguage, i.e., the high frequency of re-translation (re-interpretation), the colorful developments and variations concomitant with interpretation of original texts, finally, an object language always followed by a metalanguage. An extraordinary variety of applications of the enlarged formulae of the metalanguage have had a great and far-reaching impact on the behaviors and actions of human beings as well as the superstructure and economic base of a society. And through all this, we can find further some intrinsical aspects of linguistic behaviors endowed with humankind.

Key words: an object language; a metalanguage; the enlarged formulae; the semantic theory of truth; interpretation/translation

1. 理论源头：真值的语义理论

著名的语言哲学家塔尔斯基（A. Tarski, 1902-1980）为了最终地提出真（值）的语义理论（the semantic theory of truth）[1]，需要克服许多困难，其中之一是，如何避免像说谎者

---

1 国内一些著作，将the semantic theory of truth译成"真理的语义理论"，窃以为对truth的译法值得商讨。汉语里的"真理"所具有的内涵与事物真假的"真"或命题真假的"真"，完全不同。这里的truth就是指的真假的"真"。truth作定语时，可译成"真（值）的"或者"真之"（以便与形容词"真的"相区别）。于是，我们就有了"真（值）的语义理论"或者"真之语义理论"、真之概念（the concept of truth）、"满意的真之理论"（the satisfactory theory of truth）、"真值条件"（the truth conditions）和"真之定义"（a definition of truth）、真之冗余理论（the redundancy theory of truth）等概念的汉语译名。

悖论那样的语义悖论。他的智慧是，在论文《形式化语言的真值概念》(*The Concept of Truth in Formalized Languages*) 中，提出一个真（值）的形式化定义（a formal definition of truth），试图以此避免像说谎者悖论那样的语义悖论（Tarski，1999：44-63）。

语义悖论是由那些说它们自身不为真或否定自己的真值的句子结构引起的。最简单的例子是"This sentence is not true."["这个句子不（为）真"]。说这个句子是悖论，是因为：若说这个句子为真，那么它就是假的；若说这个句子为假，那么它就是真的。最著名的例子是最先由 Eubulides 设计的说谎者悖论："这个克里特人说：'所有的克里特人都是说谎者'。"1902 年，B. Russell 在弗雷格的逻辑方案中发现了一个集合理论悖论（被称之为"罗素悖论"），于是这便加深了自我指称（self-referentiality）会导致困境的意识（Baghramian，1999：41）。A. Tarski 的真之理论（亦即真之语义理论）的出发点是宣称：适用于所有语言的普遍的、一般的真之定义，也就是说，传统的真之符合论（或一致论，correspondence theory of truth[1]）与连贯论会碰到像说谎者悖论那样的语义悖论。接下来，他的结论就是：试图在同一的语言当中列出一个给定语言的所有句子的真值条件时，悖论也就随之而生。怎么办呢？A. Tarski 解决悖论的办法是，首先区分工具性语言（a metalanguage）与对象性语言（an object language）。我们用工具性语言来谈论对象性语言，我们用工具性语言来解释和分析对象性语言即被讨论的语言的特性。为了避免自我指称问题，他建议，"为真""为假"这两个词应该放在工具性语言里作谓

---

1 真之符合（一致）论：一种具有自在性的客观认识，常常是针对自然科学的真理性认识而言，它是事物自身的客观规律，不受人们主观因素的影响。人们认识了这种真实并用语言确切而严密地描述，这时语言表达的意义是同客观情况完全相符的。说话人与听话人无论有什么主体特征，都不影响这个描述的真值。

语，而不是放在对象性语言里作谓语（Tarski，1999：42）。

请注意谓语放到工具性语言中去的提醒。看下列的 T 约定[1]（解释见下）以下列方式提供了英语句子的真值条件：

(1) "It is snowing" is true iff (if and only if) it is snowing.

（"正在下雪"为真，当且仅当正在下雪。）

(2) "Grass is green" is true iff grass is green.

（"草是青的"为真，当且仅当草是青的。）

(3) "Man is mortal" is true iff man is mortal.

（"人固有一死"为真，当且仅当人固有一死。）

请看以上三句中的"为真"是不是都放到工具性语言里当谓语去了？双条件句（the biconditional，"当且仅当"为两个条件，故名）的左侧一边引号里的句子是对象性语言，引号之外的下半个句子是工具性语言（也有人认为从头至尾是工具性语言，对象性语言包括在内）。看看这样的办法是否解决了语义悖论：当我们在说某个句子不为真的时候，我们的处置办法就是，将不为真的那个句子放到对象语言里（即引号中），将"is not true"放到工具性语言里去，即："…" is not true。因为避免了自我指称不为真，即句子避免了否定自己的真值，语义悖论便消失了。"工具性语言"便这样被语言哲学家 Tarski 概念化出来了。

当然，A. Tarski 的最后目的显然不是为了解决语义悖论的问题。他最终的目的是要建立真之语义理论。下面的讨论对于本文作者将要讨论的工具性语言的扩展式极为重要。A. Tarski 对一种形式语言的真之概念下了定义[2]。

任何满意的真之理论必须符合下列条件：第一，实质上充分；第二，形式上正确。又，对于"实质上充分"来说，必须满足两个条件。实质上充分的第一个条件说明，真（值）是

---

1 T约定，即 Convention T，是 Tarski 真之语义理论的主要组成部分。下文将具体论述。
2 从下文可知，他这一定义是与"真之定义"或"真之语义理论"同义的。

依据某一特定语言L的句子来阐述的。这样，Tarski采取的方法给传统的真之概念以新的语义和语言性纽结（semantic and linguistic twist）。实质上充分的条件之二，亦Tarski的真之语义理论的主要组成部分，是所谓T约定（Convention T）。T约定阐明，"为了用一门语言L的工具性语言表示的真之定义是充分的，T约定必须使L语言中所有的句子为结果，所有的句子都必须从表达式"X为真，当且仅当P"中获得。表达式中，X代替语言L的任何句子的名称或结构表达式，而P代替把那个句子解释（translation[1]）成工具性语言的表达式。"（Baghramian，1999：42）接下来就是他给出了我们已经在上面引用过的三个双条件句，即T约定提供了英语句子的真值条件。从理论上来说，那三个句子是远远不够的，因为"T约定必须使L语言中所有的句子为结果"。于是，我们再加上汉语（也是一门语言L）句子：

（4）"正在下雪"为真，当且仅当正在下雪。

……（表示汉语中所有的句子）

在双条件句的左侧的引号里，我们放入句子的名称，其右侧是以工具性语言表达的那个句子的解释或表达式。这样的等式叫作T句子（T-sentences），它可以格式化为：X为真，当且仅当P（其中，X是一个句子的名称，P代表那个句子解释成了工具性语言）。这个表达式可以为任何给定的语言的每一个陈述句（indicative sentence）生成一个T句子，这样就确保了Tarski真之定义的实质上的充分（Baghramian，1999：42）。

Tarski的理论对逻辑与语言哲学形成了相当强烈的冲击。这个理论被D. Davidson接受以后发展成为意义与解释的理论，

---

1 这里虽用了translation，却不应该译成"翻译"。按汉语中的理解，"翻译"显然是偏向在不同语言文化之中的转移解释，而应译成"解释"——T约定明确指出"用一门语言"，Tarski用translation指的正是在同一种语言中且强调在同一种语言中的转移与再解释。

颇有影响，且不说许多现代语言哲学家都拥戴 Tarski 的真之语义理论的某些看法。当然，对这个理论的重要的或者正确的解释方面，还未取得普遍的一致。

2. 工具性语言的扩展式

什么是工具性语言？工具性语言是解释、分析和讨论对象性语言的语言。当然，这个概括是对 Tarski 真之语义理论的引申。本文作者要做的工作是引申出工具性语言的扩展式，并讨论它的重要意义。

什么是工具性语言的扩展式？在真之定义（真之语义理论）里的 T 句子中的 P（it is snowing）还可以看作是对 X（"it is snowing"）一字不差的反复，但我们一定要究其实质是，P 与前面的"is true if and only if"（为真，当且仅当）一起做了工具性语言。如果认为扩展式里的工具性语言也是对对象性语言的重言反复或照本宣科的话，那就大错特错了。我们马上就可以从下面的实例里看到，工具性语言的扩展式所指的工具语言，**确实是对对象语言的解释、分析和讨论**，但绝对不是重言反复或者照本宣科。

2.1 在同一个叙述语篇中，一部分对另一部分的解释（分析与讨论）

先看下面两例：

（5）善为士者，不武；善战者，不怒；善胜敌者，不与；善用人者，为之下。是谓不争之德，是谓用人之力，是谓配天古之极。（《老子》六十八章）

（6）用兵有言："吾不敢为主，而为客；不敢进寸，而退尺。"是谓行无行，攘无臂，扔无敌，执无兵。祸莫大于轻敌，轻敌几丧吾宝，故抗兵相若，哀兵胜矣。（《老子》六十

九章)[1]

例（5）《老子》六十八章中提出了一个重要的军事思想——不武、不怒、不与。总而言之是"不争"。这可以作为对象语言。

例（6）《老子》六十九章整个一段就承前章继续解释：何谓不争，如何不争：不敢主动进攻，而被动防御。不前进一寸，而后退一尺。这就像用兵布阵却无阵可布，抬手扬臂却无臂可扬，对攻却无可攻伐的敌人，执握兵器却无兵器可执。直到最后提出这一结论：两军对抗力量相当者，哀兵必胜。这整个六十九章都是工具语言，因为它对六十八章形成了阐述关系，是工具语言的扩展式。

可以归纳到这个模式下的还有：

一本著作的书名是对象语言，整本书的叙述是工具语言；

词典模式：所立词项是对象语言，词项下面对它的解释是工具语言。

2.2 文学作品中作者对人物对话方式的描写

文学作品中，对象语言指的是人物说话的直接内容，下面例（7）中"畜生！"便是对象语言。另外一方面，我们要关注作者是如何描写他说这段话的。在文学作品中，工具语言关心的是说话的方式，而不是说话的内容。这便是描写、解释、分析语言的语言。"怒目而视的说，咀角上飞出唾沫来"是工具语言。

（7）"畜生！"阿Q怒目而视的说，咀角上飞出唾沫来。（鲁迅《阿Q正传》71页）[2]

语用学对工具语言的关注，表现在专门讨论了工具性语用意识，即工具性语用意识的指示语，如"坦率地说""据

---

1 百子全书：老子·庄子，辽宁民族出版社，1995年，第81-82页.

2 鲁迅：《阿Q正传》，《鲁迅选集》（第一卷），中国青年出版社，1956年，第71页。

报道"等等。在一般情况下，我们不会先说出"我要威胁你了"，然后说出威胁的话。我们也不会先说出"我要警告你了"，然后说出警告的话。但是，一个人一旦对自己将要使用的话语有了关注的意识，明晰地知道自己要使用什么样的说话策略时，他也可以先说，"我警告你，……"。语用学还讨论语言意识形态的自我监控：语言使用者总是监督着自己产出或解释话语的方式，如话间的犹豫和纠错就是在监督着自己的产出方式（Verschueren，1999：187-198）。

2.3 评论语篇对原语篇的解释

这一模式中，最典型的代表是经典（原语篇）与对经典的诠释（评论语篇）。

任何原文本，如法典、哲学、文学作品或政论文或其他体裁的原文本或者原语篇，都可以是对象语言。而对它们进行评论的另一个文本——通常叫评论文本或者评论语篇，整个都是工具语言。为什么？因为后者形成了对前者的解释、分析与讨论的关系。一般地说，引人注意的原文本，或因其思想深刻，或因其道德震撼，或因其事关国家民族大业，都会引发大量的工具语言。如一部宪法、法典，一部划时代的思想著作或哲学著作，一部伟大的文学作品，一个国家领袖关系国家民族生死存亡的讲话，一次关系到两个国家或多个国家或全世界和平安危的外交声明，等等，都是这样的原文本，即对象语言。在这种情况下，工具语言（评论文本）对对象语言（原文本）所形成的解释、介绍、推荐、批评、引导的关系和对象语言本身联合起来，对一个国家民族的政治制度、前途命运、道德引导、经济基础、上层建筑、社会生活等等方面都会发生全面而深刻的影响。

详细讨论在3.2中进行。

2.4 翻译是工具性语言的扩展——语言哲学翻译论

说到底，翻译就是一种语言内的解释关系扩展到不同语言间的解释关系中去。因此，翻译是工具性语言的扩展。了解这一点，对翻译理论的实质具有重要意义。

本文作者提出的语言哲学翻译论，其最终目标是，将T句子改造成"X为真，当且仅当P"，其中对象语言X与工具语言P为不同的语言。即如例（8）和例（9）：

（8）"It is snowing"为真，当且仅当正在下雪。

（9）"正在下雪"is true iff it is snowing.

语言哲学翻译论很可能为翻译理论开辟出另外一条道路。这个最终结果包括Tarski的满意的真之理论。满意的真之理论，必须符合下列条件：条件之一，实质上充分；条件之二，形式上正确。"实质上充分"之下又有两个次条件。次条件一，真（值）是依据某一特定语言L的句子来阐述的；次条件二，是所谓T约定。下面具体说明。

第一，改造满意的真之理论的第一条——实质上充分——之下的两个次条件的前提环境（强调一门语言），将其变为：对象语言与工具语言为不同的语言。两个次条件强调的是："依据某一特定语言L的句子来阐述的"，"用一门语言L的工具性语言表示的真之定义是充分的"。很清楚，这是在一门语言中安排对象语言与工具语言并完成对对象语言的解释与阐述。对于（不同语言的）翻译来说，承认用同一种语言来解释，就等于自己毁灭。因为翻译是在不同语言文化之间进行的。因此，新的翻译论必须改造实质上充分的两个条件的前提环境。

第二，承认（理所当然地承认）实质上充分之下的第二个次条件——T约定："T约定必须拿出L语言中所有的句子为结果，所有的句子都必须从表达式'X为真，当且仅当P'中获得。"我们可以在对象语言即左边的引号内换上一门语言中所有的句子。这正中我们的下怀。我们就是要将所有的句子（理论上无穷尽的句子）翻译成工具语言。例如，我们可以在左边的引号内换上"Grass is green"，"Man is mortal"……当然右边的工具语言（这时是另一门语言）也会作相应的变动（"草是青的""人总是要死的"）。这个变动正好是翻译操作所欢迎的。

第三，坚持满意的真之理论的第二条——形式上正确：It is snowing 与"正在下雪"形式上都正确，时态对应。假如把"昨天下过雪"放到工具语言里，则通不过，因为时态不对应。又假如把"正在下雨"放到工具语言里，也不行，因为语义项通不过。

第四，保住 T 约定的核心——T 约定的核心不是"用一门语言"，而是"工具性语言表示的真之定义是充分的"。需要克服的理论上的巨大困难正是这一点，详见下文讨论。

第五，利用 T 句子（等式）。"T 约定"与"T 句子"是不同的两个概念。T 约定是实质上充分的第二个条件，而 T 句子是格式化为"X 为真，当且仅当 P"这样的等式。新论就是利用这个等式的形式。

讨论的重点是：我们如何能保住 T 约定的核心不落空？

凭什么我们可以断言汉语工具语言"当且仅当正在下雪"可以保证英语对象语言"It is snowing"的真之定义是充分的？或者反过来说，凭什么我们可以断言英语工具语言 iff it is snowing 可以保证汉语对象语言"正在下雪"的真之定义是充分的呢？这个问题的一般形式是：凭什么可以断言，以不同的工具语言来解释对象语言可以保证对象语言里的真之定义是充分的？

这样的论证好像是放马后炮。因为不同语际之间的翻译活动与操作早就在如火如荼地进行着，但理论解释就是放马后炮，除了猜想与假设这样的前瞻性理论以外。

本文将戴维森（Davidson）、奎因（Quine）、威尔逊（Wilson）所称的"信念心态沟通原则"(the principle of charity) 拿来论证以不同的工具语言来解释对象语言可以保证对象语言里的真之定义是充分的。但是，必须说明的是，这个原则的本意并非直接如此。该原则的本意是为了建立语言的意义理论，阐明意义的基础与信念系统之间的关系，阐明如何给一个事物分配（赋予）一定的意义。于是，戴维森认为，要想弄清楚某件事为一种信念心态（a belief），我们必须能够解释它；要想解释它或赋予它一定的意义，我们就得把说话人的信念心态（the speaker's beliefs）从整体上看作是真的或与我们的信念心态一致。最原始的翻译者（the radical interpreter，首次深入一个陌生的语言社团且无第一本词典可资借鉴的翻译者——本文作者）必须利用"信念心态沟通原则"来编写他的翻译手册（最原始的翻译词典）。戴维森论证，如果我们所知道的全部就是说话人认为是真的句子，而且，如果我们不能设想他的语言就是我们自己的语言，那么，我们连翻译的第一步都无法迈出。既然对信念心态的认识来源于解释词的能力，那么，我们从一开始便必须假设存在着普遍的一致。因此，信念心态沟通原则便是认定某人具有某种信念心态的前提条件。其言下之意是：要理解某人的语言，必须依赖双方具有相同的对世界的看法。当然，不同的信念系统（belief systems）之间总是存在着重大的差异，但是，戴维森认为，我们只有在共同的信念心态的背景下才能弄清差异的意义，因为如果没有"广泛的共同点"的前提，"争论者就不会有他们争论的空间了"(Davidson, 1984：200；Baghramian, 1999：163)。本文作者认为，上面的论述已经把不同语际之间的翻译的可能性说得非常透彻了。那便是：把说话人的信念心态从整体上看作是真的或与我们的信念心态一致。操不同语种的人，存在着普遍的一致的信念心态，双方具有相同的对世界的看法，而且，我们所听到的句子，说话人也认为是真，设想他的语言就是我们自己的语言，因为只有在共同的信念心态的背景下才能弄清差异的意义。比如说，中国人认为"雪是白的"为真，难道英美人认为"Snow is white"为假吗？或者，法国人认为"La neige est blanche"（雪是白的）为真，难道英美人认为"snow is green"（雪是绿的）从而断言法国人的判断为假？

非常凑巧、非常有趣的是，下面这一段论述与我们这里所讨论的问题十分贴切。所谓Davidson的语言整体观（holistic view of language），即一个句子的意义依赖于该语言其他句子的意义。他的语言整体观是接受"信念心态沟通原则"的主要证据。Davidson的整体观理论以及语言的组合性（compositionality）规则，确定了诸如"'La neige est blanche' in French is true if and only if snow is green"（"'雪是白的'在法语中为真，当且仅当雪是绿的"）这样的T句子最终不能（不能！）进入翻译手册或意义理论。按照Davidson的观点来看，任何一种语言，包括我们自己的语言，都包含了或依赖于一种对事物大致上正确的、普遍认同的看法"。（Davidson，1984：200；Baghramian，1999：163）他所举的例子，正好对象语言（法语）与工具语言（英语）是不同的！上面"这样的T句子最终不能进入翻译手册或意义理论"（不能被人所接受），不是因为工具语言与对象语言不同种类，而是因为工具语言的解释违背了"普遍认同的看法"（工具语言说"雪是绿的"）！普遍认同的看法是：雪是白的，当法语说La neige est blanche的时候，你用is true if and only if snow is green这样的英语（工具语言）去解释它，当然不能被接受。

所以，我们的结论是：只要不违背信念心态沟通原则，用不同种类的工具语言表示的真之定义是完全可以充分的。但这种沟通只是整体上的实现，它掩盖不了局部上的不可沟通。这种局部上的不可沟通是由异质文化（heterogeneous culture）引起的。信念沟通原则与异质文化之间的斗争，永远使语际翻译呈现大局上的可译性与小局上的不可译性（不相容）的状态。彻底的可译性是幻想与夸大，根本不可译性却是误解与庸人自扰。

总之，语言哲学翻译论，改造了满意的真之理论的第一条即实质上充分之下的两个次条件的前提环境，承认了实质上充分之下的第二个次条件——T约定，坚持了满意的真之理论的第二条即形式上正确，保住了T约定的核心（真之定义是充分的），最后，利用了T句子（等式）形式。

正因为改造了Tarski真之语义理论，这个翻译论才称之为工具语言的扩展式。无独有偶的是，另外两个有普遍影响的翻译论——信达雅论的"信"与等值论的"等值"，与我们这个扩展式的原型即"真之语义理论"里的"真"，不仅"工"同，连"曲"也是同的：信、等值、真。这刚好是新理论能站住脚的一个有力佐证，也反证了前两个理论抓住"信"与"等值"是抓住了真之主流。它们三者互为印证。

正如一般的翻译理论尤其是翻译学哲学（包括翻译论和解释翻译学）都不是可操作的翻译技术，而只能是对翻译的一种视角、一种观点一样，语言哲学的翻译论的功能也只是对翻译的一种视觉。

在两种语言的翻译中，对象语言正是发源语，工具语言正是目的语。但是为了不使两套系统里的术语混淆，我们还是放弃使用"发源语"与"目的语"，仍然使用语言哲学翻译论中的术语，即"对象语言"与"工具语言"。

3. 工具性语言扩展式运用的三条规律及其意义

言语活动是往来于"三个世界"的交往行动。这三个世界是：客观外在世界、社交世界和主体世界（Habermas，1987，1998）。稍有不同的另一种观点认为，言语活动来往于这样三个世界，物质世界、社交世界与心智世界（Verschueren，1999：76）。我们所讨论的工具性语言的扩展式，比如在同一个叙述语篇中，一部分对另一部分的解释，文学作品中作者对人物如何对话的描写，评论语篇对原语篇的解释，语言哲学的翻译论，都是在三个世界中穿梭而行的。

这四个例子有一个共同特点，这便是它们都是在文本中进行的。即是说，不是人说了话就完了，而是人说了话之后，落在言诠上形成文本——叙述语篇的解释部分、评论语篇、译文语篇（口头翻译未落文本），都是形成了后一个文本对前一个文本的解释现象。文本对文本的解释，也是一种语言性行为（linguistic action，与非语言性行为相对）。当然，工具性语言对对象性语言的解释也可以不形成文本，如日常对话中听话人对说话人话语的解释（下见3.2）。

3.1 物质世界中：非语言性的、自在的解释关系虽然是解释关系，却未曾发生工具语言的运用

仅以物质世界而论（没有人参与活动的外在世界），自在物之间有无解释关系呢？比如太阳与月亮，月亮与潮水，潮水与发电机，发电机与灯泡，灯泡与放光……，它们之间是不是解释关系呢？我们可以说上述的两物或物与事之间，都有因果关系，但我们也可以说这是解释的关系。如太阳光解释本不发光的月亮在夜空为何还能被地球上的人看见，月亮的引力解释了潮水为何掀波浪，波浪推动解释了发电机为何能发电，发电机发出的电力解释了灯泡为何放光……。这种解释是不要言语的解释，既无对象语言，更无工具性语言。但是，我们可以把它们叫作非语言性的、自在的解释关系。所谓"自在的"，指的是没有人干预的过程。

纯粹的物与物之间的关系当然用不着语言，但是人一旦用语言直接指称到物或关涉到物，语言就会来往于心智世界与物质世界之间。所以，这里有两件事要分清：一件事是，物质世界中物与物的对话是非语言性的、自在的解释关系；另外一件事是，语言（可以通过人）来往、出入三个世界。两者是不同的事情。

3.2 心智世界中：语言性的、自为的解释活动即工具语言的运用

心智世界里的工具性语言状况是一种什么情形呢？在日常对话中，后一个人对前面一个人的话轮（对象语言）总是在解释与评价。这种解释分外显式的与内涵式的。外显式的解释与评价（"你的意思是……""你简直是在胡说八道""你这一分析是中肯的"等等工具性语言）是出声的，言说的，而内涵式是无声的"心声"。这个汉语词"心声"妙极了：从无声的心理活动中读出了"声"的线索，心里想的就是声音将要说出而尚未说出的。即使没有作出外显式的解释与评价，只要是企图理解并付诸理解，解释必定是先行的——如果不经过听话人的在先的、无声的、在心智上完成的解释，他怎么能理解说话人的话语，并将交流进行到底呢？将交流进行到底是以相互解释为基础的。所以，生活在这三个世界中的主体，即说话人与听话人，一旦进入交流，他们之间的关系，便是相互解释的关系。

评论文本对原文本的解释关系，从根本上来说，还是在精神世界（心智世界）中进行的。这两者虽然不是人与人唯一的关系，但却是非常重要的关系。它是精神文明得以维系和发展的重要条件之一。它虽不是物质的，却能推动物质文明的发展。曹雪芹的《红楼梦》出世了，它是原文本。从清朝起就有人解释，读者的阅读活动就是解释活动。阅读的进行是以解释

为基础的。这是无声的解释。如果有人（如俞平伯）将无声的、在心智中完成的解释，写出评论文章，这便是公开的一度解释。如果有人（如毛泽东）又在口头上评论（批评也是评论）这些评论文章，这便是二度解释。接下来的学者在若干年以后又对毛的二度评论作出评论，这是三度解释。理论上说，可以有无限的再度的解释。在另一层面上，越剧《红楼梦》的演出，就是对小说的解释；电视剧《红楼梦》、话剧《红楼梦》也是对小说的解释。有人对越剧的、电视剧的、话剧的《红楼梦》剧本进行评论，这也是再度解释。精神世界里充满了对文本的多次的再度解释，即再度解释频率高。对原来文本进行的多次再度解释便是工具性语言活动。高频率的再度解释是工具性语言运用的第一条规律。可以说，心智世界里的活动，除了原思考（既可以是未落下语篇成果仍不失为成熟的、充分的思考，也可以是落下语篇成果的思考）以外，剩下的主要活动可能就是解释活动。这是工具性语言活动再度解释频率高的根本原因。

有人问，通过语言媒介而实现的审美活动——听诗朗诵、观看话剧、听歌剧、看电影、读文学作品以及对文字作品的专题讨论等等这样的审美活动——需要工具语言吗？事实上，涉及语言的审美活动仍然是他者的再度解释。无言的欣赏便是一种潜在的解释、无声的解释，尽管这样的解释没有呈现出语言活动来。解释过程就是欣赏过程，解释得越到位，欣赏的效果就越好。呈现出语言活动来的有言的欣赏（如公开地评论、赏析、介绍、推荐、赞扬、批评等等）更是解释，更是需要工具性语言的运用。应该强调的是，心智活动中的工具语言的运用，尤其是出声的解释，与物质世界里存在着的（非语言的、自在的）解释关系相比，是一种语言性的、自为的解释活动。所谓"自为的"，指的是人有目的的所为。

这一个类型中，最为典型的代表是经典（原文本）与对经典的诠释（评论文本）的关系。对经典的诠释涉及"解释学"或"诠释学"（hermeneutics）。不仅对经典的诠释如此，本文所涉及的解释或者再度解释或者翻译现象，都涉及诠释学。本文不必沿着这方向发展。我们这里的主题是工具性语言的扩展式。经典与对经典的诠释联合起来对一个民族的深刻而广泛的影响是一个世界现象。

西方世界中的《圣经》是一部极为重要的文学文本，它与对它的诠释（再诠释或再解释），形成了西方文化和思想的基石。《圣经》原文本与评论文本（非常高频率的再解释）如此深刻地影响了西方人的思维方式、行为系统、价值准则乃至社会结构。仅以西方哲学而论，作为对象语言，柏拉图的《理想国》（Plato: *Republic*）、亚里士多德的《形而上学》（Aristotle: *Metaphysics*）与《诗学》（*On the Art of Poetry*）、朗吉奴斯的《论崇高》（Longinus: *On the Sublime*）、笛卡尔的《第一哲学沉思录》（Descartes: *Meditations on the First Philosophy*）、帕斯卡尔的《思想录》（Pascal: *Pascal's Pensees*）、休谟的《人性论》（Hume: *A Treatise of Human Nature*）、康德的《纯粹理性批判》（Kant: *Critique of Pure Reason*）与《判断力批判》（*Critique of Judgment*）、黑格尔的《精神现象学》（Hegel: *The Phenomenology of Mind*）与《小逻辑》（*The Logic of Hegel*）、叔本华的《作为意志和表象的世界》（Schopenhauer: *The World as Will and Representation*）、尼采的《查拉图斯特拉如是说》（Nietzsche: *Thus Spake Zarathustra*）、索绪尔的《普通语言学教程》（Saussure: *Course in General Linguistics*）、胡塞尔的《纯粹现象学导论》（Husserl: *Ideas: General Introduction to Pure Phenomenology*）、维特根斯坦的《逻辑哲学论》（Wittgenstein: *Tractatus Logico-Philosophicus*）与《哲学研究》（*Philosophical Investigations*）、海德格尔的《存在与时间》（Heidegger: *Being and Time*）与《诗、语言、思》（*Poetry, Language, Thought*）、

萨特的《存在与虚无》（Sartre: *Being and Nothingness*）、伽达默尔的《真理与方法》（Gadamer: *Truth and Method*）、库恩的《科学革命的结构》（Kuhn: *The Structure of Scientific Revolution*）以及福柯的《性史》（Foucault: *The History of Sexuality*），古往今来，西方以及东方对它们的工具性语言的解释与再解释频率，何其高尔：不啻为超连篇累牍，不啻为超书山文海。

在中国，老子、孔子、墨子、杨朱、别墨、庄子、孟子、荀子以及后来的所谓百家著作，直到近代的孙中山遗训、现代的毛泽东著作、当代的邓小平著作，以及对这些著作的评论文本，对中国相应时代的人的思维方式、行为举止、价值准则乃至社会制度的影响不可谓不刻骨铭心，不可谓不深入社会制度与生活的底里了。而且，一个有阅读能力的中国人，哪一个不是读过了相应的千言万语的诠释文本？我们不能只认为这样的刻骨铭心与深入底里的影响与渗透仅仅是原文本或者原来的经典的威力，如果这样看，就太天真了。任何经典不经过当代或后代的解释人与再解释人的体验与发挥，是不会达到那样程度上的渗透威力的。充分估计到工具性语言扩展式运用的第一条规律——高频率的再度解释，才能全面估价经典威力来自何方。这一看法与朱熹[1]（1130-1200年）的认识不谋而合。朱熹认为，"大抵圣贤之言，多是略发个萌芽，更在后人推究，演而伸，触而长，然须得圣贤本意。不得其本意，则从那处推得出来。"（转引潘得荣，2002）朱强调"须得圣贤本意。不得其本意，则从那处推得出来"自不待说，但这里他主要的着眼点却是提醒人们"更在后人推究，演而伸，触而长。"在中国历史与世界史上，这种对经典的后来人的推究、演伸、触长的运

---

1 冯友兰（1996：251）认为："朱熹是新儒家，理学代表人物。是一位精思、明辨、博学、多产的哲学家。光是他的语录就有一百四十卷。到了朱熹，程朱学派或理学的哲学系统才达到顶峰。"参见冯友兰：《中国哲学简史》，北京大学出版社，1996年，第251页。

用，还见得少吗？朱还说自古"无不变通的圣贤"（同上）这是何意？这不就是指出经典的诠释人必须把握经典的要义而又根据当前的境况作适当"变通"吗？窃以为这正是工具性理论扩展式运用的第二个规律：对原来文本的解释总是伴随着解释人的推究、演伸、触长与变通。这便是工具性语言扩展式中某种程度的失真与恢复真的斗争。好的再诠释与坏的再诠释，其区别只是在于是否离开本意。离开了甚至背叛了本意的再诠释则是歪曲或恶意篡改。从中国历史与世界历史的情况看来，对经典的解释发生歪曲或恶意篡改的情形虽然有，但从主流来说，忠实本意的推究、演伸、触长与变通到头来还是能纠正对原文本的背叛，即所谓正本清源、拨乱反正。关于诠释的目的，朱熹的看法是，"诠释的目的有三个层次：首先是理解经文的原义，即对本文的意义之把握；其次是理解圣人的原意，即理解作者的意图；第三，乃是读者所悟（接受）之义，在原义的基础上有所发挥。"关于诠释的方法，朱熹认为，"诠释包括两个方面，即句法与心法。句法：对经典的解释首先是语言文字的解释。心法是一种超越语言本身而基于读者体验的解释"（潘得荣，2002）。本文作者以为，从大体上来说，朱熹诠释目的三层次里，第一与第二是属于对象性语言的，而第三条是属于工具性语言的，即"在原义的基础上有所发挥"。这再一次强调了工具性语言对经典的能动性。而朱的诠释方法里，从大体上来说，也可运用到工具语言里：对经典的解释首先是语言文字上的，然后是超越语言本身而达到内心的体验。

不要将语言的工具功能与工具性语言混为一谈。最初的、原始的思考过程落于言诠时，语言充当了工具，可这落下的言诠并不是工具性语言。工具性语言只是对对象性语言而言的概念。最初的、原始的思考过程之后，以语言将思考对象（如未来的一场战争、将要进行的一项试验、要购买大量的机器零件）呈现出来，如一篇有序的战况分析发言、一份试验计划或一份购买清单，形成这些产品，并不是工具性语言，而只是初始的言说或语篇。道理很简单，原来的思考对象（一场战争、一项试验、要买的零件）并不是对象性语言。思考对象可以是物（天体、细菌、软件等等），是事（美国要打伊拉克、克隆、老鼠将油瓶子打翻等等），是过程（某一实验过程、某一次考核进程等等），是行为（张三发出警告、某人发出邀请等等），但并不是对象语言。

3.3 社交世界中：大量的、无穷尽的工具性语言运用

社交世界只对人有意义。但是，没有光秃秃的社交活动，只有语言嵌入其中的社交活动（行为），因此，社交活动必然是嵌入了日常对话的活动。于是，社交世界中存在着大量的工具语言的运用：语言性的、自为的解释活动。这个世界里活跃着大量的、无穷尽的语言性行为与大量的、无穷尽的言语事件。只要对象语言一经进入或关涉三个世界尤其是社交世界，工具语言通常都跟随其后产生——这是工具性语言扩展式运用的第三条规律。产出了对象语言而不进行解释活动，这样的情形有，但比较少。这种情形是：第一，某人说话之后别人没听见，写作之后不发表不公布，当然他人就没有机会进行解释或再度解释；第二，某人产生一个思想，仅仅是自己对自己说话或者写下来不发表，自己此后也不再进行思考。不进行再思考，就是自己不愿使用工具语言对自己的命题进行解释，这样就形成了原文不进入社交世界的情形，也就从根本上掐断了工具性语言的产出。

我们在心智世界中讨论过的经典的产生和与对经典的诠释活动（即评论语篇对原语篇的解释），原则上来说，完全是为了社交目的而运用在社交世界中的活动。语际间的翻译活动，也是为了社交目的而运用在社交世界中的活动。正因为如此，工具性语言扩展式运用的两条规律（高频率的再度解释、对原

文本的解释总是伴随着解释人的演伸与变通）也在社交世界里甚至更容易在社交世界里表现得淋漓尽致。

4. 结论

我们从Tarski真之语义理论出发，提出了工具语言的扩展式。在扩展式中，重点提出了语言哲学翻译论（当工具语言与对象语言不是同一种语言且真之定义的充分性得到满足时）。我们以扩展式的几个例子显示了来往于三个世界中的工具性语言运用的三条规律：高频率的再度解释；对原来文本的解释总是伴随着解释人的推究、演伸、触长与变通以及失真与恢复真的斗争；对象语言之后一般都有工具语言跟着发生。工具性语言扩展式大量地、普遍地运用于社交世界与心智世界中，这种情况对人的活动与行为，对社会上层建筑与经济基础，产生了深刻而长远的影响。通过这些发现，我们可以进一步认识人类的语言性行为的本质的某些方面，即与其说"工具性语言扩展式大量地、普遍地运用于社交世界与心智世界中"，不如说人与人的社会关系，非常大量地、普遍地表现为人与人之间的话语上的解释关系。

参考文献

Baghramian, M. (ed.). *Modern Philosophy of Language*. Counterpoint P.O. Box 65793. Washington D.C. 1999, pp. 41-43.

Davidson, D. Belief and the Basis of Meaning, in *Inquiries into Truth and Interpretation*. Oxford: Clarendon Press, 1984. [First appeared in *Synthese*, 27, (1974)].

Habermas, J. *On the Pragmatics of Communication*. Cambridge, MA.: The MIT Press, 1998.

Habermas, J. *The Theory of Communication Action*. Vol. 1: *Reason and the Rationalization of Society*. Boston: Beacon Press, 1987.

Tarski, A. The Semantic Conception of Truth and the Foundations of Semantics, in Baghramian, M. (ed.) *Modern Philosophy of Language*. Counterpoint P.O. Box 65793, Washington D.C. 1999, pp. 44-63.

Verschueren, J. *Understanding Pragmatics*. London: Arnold, 1999, pp. 187-198.

潘德荣. 经典与诠释 [J]. 中国社会科学，2002（1）.

（原文首发于《语言科学》2003年第3期）

[附录]

夹缝中的学问也是真学问[1]
——钱冠连教授访谈录

霍永寿[2]　钱冠连

摘　要：面对西学和国学夹缝的挤压，外语学者要夹缝求生，就必须要做到：（1）做好并做强汉语、外语两翼；（2）重视向西方学习，但要立足于自己的理论创造；（3）敢于提出自己的研究问题，走自己的路；（4）重视基于母语语料的理论研究，敢于怀疑国外理论，勇于创立本土理论。

关键词：夹缝；母语翼；外语翼；以我为主的理论创新

An Interview with Professor Qian Guanlian

HUO Yongshou　QIAN Guanlian

Abstract: Confronted with Western and Chinese scholarship, a Chinese scholar of foreign languages as a marginal man who attempts to survive has to: 1) develop and strengthen his wings

---

1 本访谈系教育部人文社会科学研究规划基金项目"构建当代中国话语研究的语言哲学基础"（15YJA740013）的阶段性成果。
2 霍永寿，男，广东外语外贸大学英语语言文化学院教授，博士，博导，主要从事语言哲学、语用学研究。

of both native and foreign languages and cultures; 2) learn from Western scholars but focus on his own theoretical innovation; 3) raise his own research questions and take his own path; 4) base his study on his own native language data, challenge theories from abroad and attempt to create local theories.

Kew Words: marginality；wing of the Chinese language and culture；wing of a foreign language and culture；self-centered theoretical innovation

　　霍永寿（以下简称"霍"）： 在国内学术界，您有一个大家公认的特点：在外语界学者中，您的中文、国学功底以及您对汉语的研究使您更像中文界学者；而和中文界学者相比，您对西方语言学及相关学科的精深了解和卓越贡献又使您成为国内外语界的知名学者。您说过，自己是从夹缝中走出来的学者。您是怎么认识自己学术研究中的这种特点的？

　　钱冠连（以下简称"钱"）： 这可称之为夹缝现象，它具有普遍规律。中国的外语学者，洋语不如洋人，国语不如国人。两头不沾边，尴尬得无以藏身。此话怎讲？洋语不如洋人，是天然的。什么叫国语不如国人？汉语界的汉语及其文化（以下简称"汉语"）习得是童子功，到了上大学中文系，可以写出很漂亮的汉语论文，童子功和大学中文系是连续体。而外语学者呢？丢了汉语童子功，到大学外语系才捡起洋语（现在孩子小学、初中读英语）——记单词，背句子，查语法，积累外语音感和语感，这一套基本功还完成得不干净，可以说是心长力绌啊。请想想，外语没有童子功，从 18 岁学起，要达至运斤成风的高超技巧，几乎不可能。用外语写论文，真的很难得心应手。用汉语写外语研究论文，一般情况是干巴巴的，汉语文化根底浅，论文里只剩下洋理论加上几个汉语例子，别无机杼，这已是公开秘密。汉语界学者本来想从这些文章里学习一些国外语言学信息，却发现只剩下几处洋语录可用。假若你的本土例子没有思想，没发挥，没创见，没挖掘，没蕴藉，更谈不上排奡奔放，形成不了真论文，让汉语界学者怎么佩服你？你写的语言学论文，怎能在汉语界的学者中发挥影响力？外语界人士发表的语言学论文，若是汉语界学者不闻不问，那论文基本上叫"胎死纸上"，发表在外语刊物上影响亦微。

汉语金针度人，不欺外语学人。我写的《汉语文化语用学》被列入清华、南开、北大、浙大必读书单，有汉语界学者将《汉语文化语用学》演绎成别的书，还评上了教授。"钱氏语用学"这一说法，也是汉语界学者首先提出来的。要是我书中大段抄录维特根斯坦（L. Wittgenstein）、奥斯汀（J. L. Austin）、格赖斯（H. P. Grice）、列文森（S. Levinson）、里奇（G. N. Leech）（前三位是语言哲学家），然后再加上几个汉语例子，而无汉语自身之文化体系，后果就大不一样了。《家园》上了各大网站、书站，评论不失粲然可睹。如果新书一出无人问津，有意思吗？在夹缝中求生的外语学者如果寝馈自审，亮出自己的思想，那后果就不一样了。

如何在夹缝中求生？我知道外语学者两头不沾边的困境。怎么办呢？你还记得我在你博士论文初稿上的批语吗？我写过"不要将'犁'插在洋人的田里耕去犁来，要耕自己的田"。你曾对你的师弟师妹说："我读了三年的博士，这句话对我的教育触动最大。"诚哉斯言！我的办法是看洋人的书，出自己的思想。你有你的本体论（ontology），我有我的泸沽湖女儿国摩梭语调查；你有你的维特根斯坦，我有我的河南牛市调查；你有你的乔姆斯基（N. Chomsky）普遍语法，我有我的"一两个句子控制我们一辈子"（参见钱冠连，2005a：第3.1.2.3节标题）；你有你的本体论承诺（ontological commitment），我有我的"人类基本生存状态"（参见钱冠连，2005a：扉页）哲学观。如此这般，我在《家园》中大段引用海德格尔，却有多出十倍的"三活"状态描写。这就是看洋人的书，出自己的思想。这就是夹缝中求生。

为了在夹缝中求生，我生出一个观念：外语学者的外语与汉语好比一鸟之两翼，一翼都不能缺，缺了即不能起飞！外语翼、汉语翼，都要好，都要强！为了强大汉语翼，我带领学生到泸沽湖去读《古文观止》。为了强大汉语翼，我在52岁前后用一整年时间不写文章，只读钱锺书《管锥编》和《谈艺录》，如面临钱公亲炙。同理，为了强大外语翼，我从2002年冬季起，用了6个月时间读了20多位分析哲学家的论文，从弗雷格（G. Frege）到米利肯（R. Millikan）；为了英语翼好，我读了上百本文学和语言学英文原著。直到你访问，这个持久战打到我八秩之岁，驹光如驶，仍在打。为了外语翼，我读奎因的《语词与对象》（*Word and Object*），每一段读三遍，眉批、边批几乎占满空地，书的牛皮纸封面磨破换了三次，有点韦编三绝的意思。

用了20年时间才知道分析哲学——语言哲学的来龙去脉。

霍：作为我国改革开放以来第一代外语界学者中的一员，您的学术经历有一个特点。同时代的外语界学者大多在改革开放之初被选派到国外进修，学习西方语言学及相关学科，而您没有这样的经历。或许正是由于这个原因，我们发现，在您的研究和论著中始终贯彻着这样一个总思路：国外的文献及其研究问题只能供我们借鉴和参考，而自己的研究问题才是第一性的、最应该关注的。在一篇论文（钱冠连，2005b）中，您还借用过美国小说中的一句话"The path the other takes is not yours"，对此做出精彩、形象的概括。这样的学术研究思路和您学术起步之前的经历是否有关？关系何在？

钱：你说的这句"The path the other takes is not yours"（他者之道非你之道）出自《乱世佳人》（*Gone with the Wind*）的续集（*Scarlett*）内一女巫之言。全书828页，我在1999年7月至11月用五个月读完，几乎是焚膏继晷，昕夕不辍。何以如是？因为我也在走我自己的路，需要类似的精神支援。读完了*Scarlett*，我自戏言：The path I take is mine（我走之道乃是我之道）。

不重复前人，筚路蓝缕，以启新业。我以这个精神写完了《美学语言学》，结果发现，问题是提出了，但是没有彻底回答。于是又写《语言全息论》，发现商务印书馆次年就再印刷第二批，该书是纯演绎推理，在一个十分看重"你写这书有何用"的大环境里，写纯学术书还有人读！另外，我偶然发现，北京的博导于根元先生的博士生人手一册。《语言全息论》还有一个评奖插曲，以后再说。接着又完成紧接同一体系的第三本书《家园》，探讨了人类基本生存状态的哲学观，以"三活"论完成从语言看宇宙的哲学观。

为何连续三本书续写同一个体系？这一定是有一种因缘赓续不断。而且这种连续不是盲目行为，因为下一本书的序或正文专门提及这种相接的缘由。果然有高手杜世洪（2014：20）看出具有重要意味的东西来了：

钱冠连在《美学语言学》中提出的哲学问题，在《语言全息论》和《语言：人类最后的家园——人类基本生存状态的哲学与语用学研究》中得到了回答。钱冠连的哲学思想是对古希腊宇宙观的发问与解答。古希腊哲学家虽然认识到了"宇宙的秩序"同"人类思想的秩序"类似，但似乎未找到这两种秩序的联系方法。钱冠连找到了捆绑这两种秩序的方法。语言全息关系就是用来捆绑宇宙、人和语言的绳子。"钱冠连的绳子"还用来串起语词与世界的道理，把人的存在维系在程式性语言行为中。"钱冠连的绳子"是一项不容忽视的哲学贡献。

原来，这个连续不断的因缘是"宇宙的秩序"和"人类思想的秩序"，需要有一根绳子捆绑。

著述拼凑不动脑子，必然会索然寡味，发现与创造必然兴味浓浓。这就解释了真正的学者不怕清贫、不怕冷僻的原因——他有的就是趣味，只是这种兴味不是追求物质形态的人所能发现与欣赏的。不谋外物，但求心静嘛。

正如你所说，我没有赶上第一批出国大潮。出国留学显然是很有必要的。1988年我以访问学者的身份在比利时安特卫普大学国际语用学研究中心访学，受到了一点儿刺激——在众多的语用学著述中没有汉语的、中国人写的。于是回国之后我就写了一本《汉语文化语用学》。我是中国培养的语用学者。有外语原著，有外国同行，有国际的研讨会，有外语学者的耳朵、眼睛、嘴巴，接下来就一定会有中国本土培养的外语研究者。这是合乎逻辑的结果。《现代英语语法》（*A Modern English Grammar*）的作者叶斯柏森（O. Jespersen）是丹麦人！你说得好，研究的问题是第一性的，在哪里研究能够出成果，从来不是障碍。操觚弄翰，不分国度。不管在哪儿学习，学习什么，总可泽被后世。只要愿动脑子，洞若观火者，不论国内外。

总之，学外语、研究外语，在外语母语国固然好，但毕竟大多数人要在国内研究。许国璋外语研究奖只认著作，不究作者是否在国外留学久居，是对我这一结论的最佳鉴定与认可。

霍：在您的学生以及您学生的学生中，"重视向西方学习，但要立足于自己的理论创造"已然成为指导大家从事科研工作的座右铭。从您的论著中，我们发现，在"重视向西方学习"到"立足于自己的理论创造"这一过程中，您始终表现出对国外语言学理论的怀疑态度，同时也表现出力求通过对母语语料的研究，修正国外理论，创立本土理论的勇气。能否以《汉语文化语用学》和《美学语言学》为例对此加以说明？

钱：你的问题，令我欣慰者，不是因为其中有"座右铭"这一说法。我意在于，大家终于看出创立本土理论的重要性来了。这里有一系列关键词：重视、立足、怀疑、修正、创立。

这里仅以《汉语文化语用学》为例。此书的出发点，是怀疑西方语料建立起来的语用学是否具有普适性。语用学的核心是传达动态的语义，讲的就是 intention（意图）、implicature（蕴涵）、speech act（言语行为）、performative（施为性语句/行事性语句），语言背后的文化如皮影戏的幕后提线者。西语和汉语不同主要在于文化蕴藉不同。以英语为母语的人，其表达意图的方式、传达言外之意的妙处、听到并施行的言后之果，乃至整个一套言语行为，压根儿就和以汉语为母语的那一套是不同的！你可以照搬西语一部分语用原则，因为中国人作为人，西方人作为人，其身体结构一样，自然行为（吃、喝、拉、撒等）与文化行为（第一次使用人的"自然行为"和"文化行为"这一对术语，注意！）有相同、相似之处，但区别之处就大了。换言之，两者的文化行为可以说是生硬榰桠，绝非铢两悉称。这就是我怀疑的理由。《汉语文化语用学》是怀疑西人与汉人文化一律的结果！也是两者背后的文化心理行为之异的结果。注意：对这个世界，说同，比较容易；说异，困难得多。说同，是学问；说异，更是学问。若把同与异分清楚了，创立本土理论的勇气、底气则不请自来。

我很理解这样的同胞：他坚决只向西方学习，绝不试创本土理论。要知道，他一定有其道理的。世界太大了，人口太多了，我们要包容他的选择。把西方理论搞清楚，让别人创立本土理论，这也是贡献。

另外，若怀疑西学，就应该允许有人怀疑你。《汉语文化语用学》，也有人批评。我就发现两位学者有批评意见。凭什么不让人开口？凭什么你就是霸王？我对福建师大的林大津先生等提出的批评，先是致谢，后是赠书，三是支持争论。其因何在？争论才有进步！别人批评你之先，一定是手捧原著张皇幽眇，深入精微。别人为你的书劬劳成篇，你还不应该感谢人家？

霍：我们了解到，您的专著《汉语文化语用学》曾经引起了著名学者季羡林先生的重视，并为之作序，以示支持。为此，您还专程到北大拜访季先生，并与之深谈。可以透露一下深谈中与该书有关的某些内容吗？

钱：两人见面，由清华大学责编宁有权先生陪同，没有深入交谈书的内容，只是我对他的礼节性拜访，以表致谢，并想亲炙教诲。我记得谈了我在国际语用学会受到的刺激：没见到中国人写的语用学专著。他接着说："于是你就写一本。好嘛。"——这就是为何他在序里说"此书有前无古人的精辟的见解"——季先生言重了。

霍：似乎当时学界对专著《美学语言学》（第1版，1993年，深圳海天出版社；第2版，2004年，高等教育出版社）的立论存在争议。可以谈谈当时的情形吗？

钱：王宗炎先生乃真君子。他不同意我写的《美学语言学》，但据说在我的高级职称通过时，他作为省评委，为我写了肯定性很高的鉴定评语。他说："虽然我不赞成他的《美学语言学》，但通过此书看出他的思辨能力和研究水平，是配得上教授职称的。"另外，《汉语文化语用学》，季先生写序在先，但我仍想让王先生也写一序，于是我言出支吾，对王老说，季先生序在先，您在后，不知您是否可屈尊……？王老干脆利落地说"我不管这些。我写！"不计名尊位先，只计对他人的帮助，真乃君子雅风。

很有意思的是，对《美学语言学》的争议，不在对书本身，比如什么观点、如何论证，有争议，而在于作者不该写什么《美学语言学》。当时的语言文化所所长陈楚祥先生想开有关《美学语言学》的研讨会，但因为某先生不赞成，未开成。这种学术风气应该改一改了。

霍：如果把您的学术经历分为两个阶段，那么第二个阶段的标志是您的学术兴趣从语言学（更确切地说是语用学）向语言哲学的转移。我们了解到，您是在58岁之时开始您学术研究中的"语言哲学转向"的。一般来说，在这个年龄出现学术兴趣的大转向是很不容易的，而且，从具体学科转向哲学就更不容易。能谈谈转向的动因和当时的情形吗？

钱：58岁时转向语言哲学，是不顾后果的冒险。首先是社会需要。教育部文科基地首任主任王初明教授给我分配任务，赶着我这野鸭子充白天鹅；其次是领导支持。党委书记兼校长徐真华教授延聘我十年，十年使一个愚民也得开开窍。所谓不计后果者，我知道哲学界不会承认我，同行也大大怀疑，我只有一个想法对付百种困难：实干。不曾想到，这倒成就了我人生最重要的一笔。这前前后后的经历及其结局在我2016年77岁时写就的一文《舍不得那点"无用的"美丽——我学习语言哲学的故事》（请见本书代跋）中，有细致的描述，不再赘述。那篇文章，发表在微信公众号（《大学融合英语》，杨枫主编）上，当时阅读量上了3900人（仅仅在我所知的群聊中）。3900人披览一份"无用的"哲学报告，是不是也受了"无用的"美丽的引诱？

人在干，天在看。天助人是有条件的：天助自助者。历来如此。

霍：从时间上看，2002年由商务印书馆出版的专著《语言全息论》是您的学术兴趣发生"语言哲学转向"之后的产物。虽然您在这本专著中并未开宗明义，表明该书的哲学、语言哲学指向，但从今天的角度看，该书无论是从标题的设置，还是贯穿全书的思辨路径，以及书中论点的具体论证，都时时透露出浓浓的哲学、语言哲学意味。可以把《语言全息论》当作一本语言哲学书来读吗？如果可以，这样的语言哲学和国外语言哲学相比，其自身特色何在？

钱：《语言全息论》，我看，就是哲学的。哲学是宇宙观，观宇宙。一种哲学就是一种宇宙观。它和过程哲学的创始人怀特海（A. N. Whitehead）写的《过程与实在：宇宙论研究》（*Process and Reality: An Essay in Cosmology*）是一个类型。所不同者，后者在书名里开宗明义宣称，此书讲的是宇宙论，宇宙观。拙著《语言全息论》的一个大前提是宇宙全息论。

一件意外的趣事：2002 年之后，广东省政府评奖启动。据宣称，从前在广东省得过奖的书可以再申报，因为宣传部颁的哲学社科奖是下级奖，这次省政府颁发的是上级奖。有人劝我，《汉语文化语用学》已得过省委宣传部的社科奖，季羡林、王宗炎写的序，两位都是大人物，而且明言下级奖可以申报上级奖。用《汉语文化语用学》申报，怎么也能得一个奖呀。我对这个规劝没有认真对待，而是义无反顾地拿出《语言全息论》。我有犟脾气，大家不是喜欢有用的书吗？不是推崇实证研究吗？我偏要报一本"无用的"书，报一个纯粹的演绎推理，试一试水的深浅。最后结果可想见：落选了。有人给我透露原委：有一个大人物说，宇宙全息论是伪科学……那意思我清楚，不说语言全息论是伪科学就算便宜了我，饶恕了我，客客气气对我了。还想评什么奖？老实说，我真的喜欢《语言全息论》，有体系，有预言，演绎法，打通系统论与宇宙全息论。

最近（2018 年 4 月），我在网上看到一篇长文，名曰《幻觉宇宙：惊人的全息宇宙理论》，刊载于微信个人公众号，叫身心灵。与文章同时发表的，有 12 幅图画与照片。我摘录一小段："1982 年，一件惊人的事发生了。在巴黎大学的一个物理实验室里，科学家发现，在特定情况下，如果我们把基子粒子——比如说电子——同时向相反方向发射，它们在运动的时候能够彼此互通信息。"《语言全息论》就是这么描述的。所以它能够把直到如今的所有描述性的语法理论派别通通串联起来！而且，书中的预言得到了越来越多事实的支持。它就是一本地道的语言哲学书。

Posterity will judge. 让后人评判去吧。

霍：从学界反应看，专著《语言：人类最后的家园——人类基本生存状态的哲学与语用学研究》（商务印书馆，2005）恐怕是您最重要的哲学著作了。该书自 2005 年出版面世以来一路看好，迄今已连获两个大奖，学界反响热烈。目前，该书英文、俄文版的翻译和出版工作已然启动。对此，您有何看法？如果把该书看作一部基于汉语语用实践的语言哲学著作，则其创新点何在？

钱：你的问题里有几个关键词：最重要、反响热烈、外译启动、基于汉语语料、创新点。

《家园》即将重印，《家园》是我最重要的哲学著作不假。从头至尾修改了 39 遍。若不用中国语料，就是大失策。我的外国朋友维索尔伦（J. Verschueren）说："我最遗憾的是不懂汉语。"我这个懂汉语的中国人若是瞧不起汉语语料，那真是傻到家了。不错，先是从海德格尔下手，然后就是我唱戏：如何深入日常语言，如何搜集口头传承，如何搜集儿歌（口头历史），如何论证人活在语言中、人不得不活在语言中、人活在程式性语言行为中，最后得到了一个思想，"三活"就是人的基本生存状态。我们以言说使世界的一物（实体或虚体）现身的同时，也使自己在世上出场或现身。词语缺失处，无人出场。人在世上的出场比物的出场更具有意义。只有人的出场才使物的出场成为可能——这个结论就是创新点。

文人为什么写书？就是为了留下一个永恒的且具有普遍价值的思想，去丰富人们的精神世界。永恒的、极具普遍价值的，是两个极高要求的思想境界。北外的吴一安教授说：
"《家园》，我是一口气读完它的。"当初，你一口气用一天时间
读完《语言全息论》，把脑壳都搞痛了。把头搞痛了还舍不得
放下，那是鬼使神差吗？不是，那是思想的魅力。吴一安何许
人也？中国很有影响的实证论外语研究学者。你何许人也？我
所知道的世上读书最多的中年人。能把这样两个人调动吸引起
来读一本书的力量，恐怕是有价值的思想。

中国人鄙视空头理论，那是当理论掩盖真相的时候才引起
人的理所当然的鄙视。可是，思想、理论就其形态来说，永远
是空头的（metaphysics）——摸不着、看不见，它存在于思考
中。伟大的、有价值的、有潜力的空头理论往往引导出万紫千
红的物质世界。但遗憾的是，并非人人都能看到空头理论的潜
在价值。

霍：上述专著的出版，并未给您的哲学、语言哲学研究画
上句号，而是开启了一个哲学研究的新征程。2008年初，在
您的倡导和率领下，中国中西语言哲学研究会在广东外语外贸
大学成立。作为创会者、首任会长，您给学会定下的基调是
"学者要以学术出场"。之后，你又提出"中国后语言哲学"
（以下简称"后语哲"）这个概念，为学会未来的发展指明了方
向。可以谈谈您当时提出这个概念的动因吗？从现在看，"中
国后语言哲学"这个概念的创意及其内涵、外延何在？

钱：我提出后语哲这个概念之后，并未真正认真地号召同
仁去实践它，因为我不想以会长身份强加于人。倒是王寅先生
继任会长之后多次、多处宣传与强调。关于中国后语哲，说简
单，十分简单；说复杂，则十分复杂。

怎么说简单？它就是五个关键词：汉语语料、入口、问
题、出口、世界一束。把这五个关键词联结起来便是：在汉语
语料那里找到入口，发现、提出、解决一个一个的问题，说明
世界一束的道理，就是出口（落脚点）。落脚点在世界一束的

道理中，就是语言哲学；落脚点在语言形式中，就是语言学。

怎么说复杂？首先，要懂得语哲的关键词词群：① linguistic turn；② semantic ascent；③ analysis；④ analytic philosophy；⑤ philosophy of language；⑥ linguistic philosophy；⑦ is（to be）；⑧ reference；⑨ meaning；⑩ semantic value；⑪ logic；⑫ conception/notion；⑬ abstract entity；⑭ truth；⑮ thought。可以这么说，你懂了这15个表达式，你就懂了分析传统的语言哲学。

再说，什么是世界一束呢？那就更复杂一点。你要懂得分析传统的语言哲学是从西方哲学中流出来的，西方哲学浓缩在下面的关键词词群中：① the world；② ontology/to be；③ to know/knowledge；④ existence/to exist；⑤ things → object；⑥ realism/reality；⑦ entity；⑧ thought/to think；⑨ logic；⑩ object。可以这么说，只要你懂了这十个表达式，就懂得语言哲学是从哪里流出来的，即语言哲学又是从西方哲学那里分流出来的。

总的线索是：后语哲（五个关键词）→语哲（分析传统哲学，15个关键词）→西哲（10个关键词）。（→读作"上溯至"）到了后语哲阶段就容纳下中国哲学了。

霍：从您近期的学术讲座中，我们发现，您近年的哲学、语言哲学研究有两个兴趣点：禅宗语言哲学以及量子力学与西方哲学、中国哲学的关系。而且，我们了解到，您在这两个课题方面都有自己独到的见解。我们关心的问题是，您对这两个论题的思考是否属于"中国后语言哲学"这个总题目的内容？您的工作是否在为"中国后语言哲学"注入新的内容、开拓新的疆域？

钱：你的问题提醒了我。先说禅宗。宗教与哲学是两兄弟。禅宗是地地道道的中国哲学。我发现很多学者错用"不二法门"。以为"不二法门"是肯定了一个唯一的法门。错。不二法门，是两不沾边。"方生方死，方死方生。方可方不可，方不可方可。"（《庄子·齐物论》）明明是两不沾边嘛。中国古人太有智慧了。这才是后来禅宗不二法门的代表性话语——双否定，它比怀特海的过程哲学更深入。这确实为后语哲开辟了一个新的亮点，注入了新的内容，比如说，禅宗。

再说量子力学。量子力学在向西方哲学讨一个说法。态叠加（对一个粒子而言，对一物而言）是对西方哲学追求 certainty（确定性）的挑战。量子纠缠（两个粒子之间相互传递信息的关系），对 entity（实体），对 the world（世界），对 object（对象），都在挑战。西方现有哲学解释不了。西方哲学总得解决，总得回答量子纠缠吧。我不是物理学家，我不能多说，多说就是外行话了。但量子力学恐怕不是给后语哲增加了新亮点，而是对西方现有哲学的全面挑战。

霍：从您近期的著述中，读者们已然发现，您也关注人生哲学，而且专著《命运与欲望．命运的一半在你自己手中》（汉英双语版，高等教育出版社，2017年，以下简称《命运与欲望》）的标题本身就反映了您的独特视角。能告诉读者您思考人生哲学的初衷吗？

钱：2017年出的书《命运与欲望》，是在做人生哲学。初衷在哪里？我一生犯了一大堆错误。可能别人比我强，他们是不犯错误的完美。我从晚岁起就开始像下围棋那样补后手。《命运与欲望》就是我苦恼中反思的结果，就是补后手的结果。我已经两年不能用电脑，改用毛笔。用毛笔写下来这些补后手之作、反省的思想，是学生梁爽、霍永寿和另外一些年轻学者帮我输入电脑的。

霍：您的学术研究有一根主线：您对理论创造一直怀有浓厚的兴趣。在您的经历中，这样一种兴趣是如何形成的？

钱：我对理论创造的兴趣与迷恋来自少年时代的一个习惯、青年时代听的一个报告以及成年时的四种思考方式。

少年时代爱读科学家传记。

青年时代听了荆州中学教务主任傅源远先生所作的报告：善于联想。把正在学习的知识A，和先知的东西B联想起来，形成一个新的思想。

成年后的四种思想方式：（1）向爱因斯坦学了理解对象之后提炼出简约的解释。如果我的解释不简单不清楚，一定是我尚未真正理解对象。（2）学习乔布斯求异思维。不落俗套，打破常规，特立独行。（3）学习了马斯克不要事事跟着直觉走。（4）学习蒂尔的逆向思维。去探索别人还未发现的领域。知道别人做了什么很重要，尤其要知道别人没做什么。于是，我形成了一个奇特的习惯：一旦知道别人没做什么，我就立马兴奋起来。接下来你就知道我要干什么了。

霍：近期我们看到，在业余时间，您开始练习书法，创作诗歌，并时有新作问世。从您的诗歌创作中，我们发现，您的诗歌创作是新学的。您认真研读、欣赏一首名作，但之后会新创一首自己的诗作。两者相较，您的新作无论如何，都有自己的意象，自己的新意。能否说这也是您多年来学术创新的延续？能否用一个例子向读者展示一下您的诗歌创作过程？

钱：练书法、写诗词，还真是我创新的延续。以毛笔书法而论，许多书法家抄写别人的东西。我不想当书法家，更不想当只抄写别人诗词的书法家。我的特点是：用毛笔写自己的思想、写自己的诗作。每有一段思想笔录和自己的诗词笔录，必是自己创作的。

有一次，我用一首词"骗"过了自己的一位老友。我读到宋代词人叶梦得的《虞美人》，将原韵反复研究，记在心里。有一天，脑子里得一好句：诗和远方，双双从容来。于是我步叶梦得原韵，这样免得犯低级错误，又可以寄托自己的意象与思想：

虞美人·我的诗和远方

仰天俯地观云舞，凭窗还捧书。太极推出一簇红，梅瘦耐寒，淡香鸟林中。

叩门友人同携手，杯中不盛酒。轻弹二泉玄想在，诗和远方，双双从容来。

丁酉正月初一　钱冠连词并书

微信发给一位友人，是我初中同学，华中师大中文系优等生，多出妙词佳句。那友人回信说，你一个学外语的，如今书法、诗、词、赋，热闹得很，我自羞愧，等等。他不知道我是套了叶梦得。我学习古人，同时在创作。这首词回答了这样一个问题：老人还有没有诗和远方？老人寄情何处？

我写《菩提赋》，也是先学了多篇古人之赋。作成之后，引得书法家郑延国取材创作，另一书法爱好者从网上读到此赋，也抄写了寄我。这种国学修养装点了人生，增色了生活。我的做法是用毛笔书写思想，用诗词激起命运的浪花。

我于2008年12月31日退休，正式退而不休要从2009年1月1日算起，至今整整九年。2017年4月20日练毛笔字，从那时起，我积累起来的书法诗词、书法人生哲学小段子可以分别出一个集子了。不过，那已不是我的任务，是别人替我完成了。

下面是最近九年的读书清单：1024页的《飘》（*Gone with the Wind*）已读完，眼下正欣赏诺贝尔文学奖得主戈尔丁（W. Golding）所写的《蝇王》（*Lord of the Flies*）（总共307页）；《语言哲学术语汇释》（*Philosophy of Language A-Z*，A. Tanesini编）已读完，至少三遍；总共408页的《牛津哲学词典》（*The Oxford Dictionary of Philosophy*，S. Blackburn编）已经读完一半，所读条目至少读三遍；配合读的《西方哲学辞典》（*Dictionary of Western Philosophy*，N. Bunnin & J. Y. Yu编）

尚未读完。《老子》《庄子》，穴位按摩、旅游、散步、喝茶、闲聊，都应该进入清单。"同志仍须休闲"，请上帝与观音菩萨予以配合！

霍：如果人生兴奋点是人生的动力源、发展的起点，那么您的人生兴奋点是什么？

钱：它也决定了人生怎么谢幕。人生的兴奋点包括权力欲、发财欲、成名成家观、平凡人生观、济世观，等等。你抱着何种兴奋点取决于少年时代的家教、学校教育与社会环境。

我的兴奋点在终生求知求智。它与成名成家观不悖，它与济世观相得，它与平凡人生观相彰。求到一知，兴奋一时；求得一智，快乐又一刻。此两者无限期使用，快乐至寿终，抗拒孤独感，尤佳者，不耗费地球资源，不做摧毁地球文明的罪人。

如有控制，成名成家观亦是好事，然其掺杂虚荣与追利，则是反知反智的。平凡人生观、济世观等和求知求智兴奋点，乃你中有我，我中有你，不能分离。但无限度的权力欲与发财欲，其后果是谁也好不了。

霍：总体而言，您作为我国改革开放以来第一代外语学者，有自己卓然独立之处。面对西学之强势，您学习了西学，但坚守了国学的阵地，在两者的夹缝中开启了自己的新路。在举国力倡文化自信之时，您践行了学术自信。即使是在茕茕孑立之时，也努力前行，并做到力争上游。今年是您八秩之寿，祝您健康长寿！相信访谈内容会为学界接受，您也将以践行一生的学术自信而为民族文化自信的实现添砖加瓦、再立新功！谢谢接受访谈！

钱：不客气！

参考文献

[1] 杜世洪. 语言研究的智慧与方法——钱冠连的哲学思想和 "钱冠连的绳子"[J]. 当代外语研究，2014（6）：20-25.

[2] 钱冠连. 语言：人类最后的家园——人类基本生存状态的 哲学与语用学研究 [M]. 北京：商务印书馆，2005a.

[3] 钱冠连. 他者之道非你之道——致专家学者论坛 [J]. 外语 界，2005b（5）：72-79.

[4] 钱冠连. 美学语言学 [M]. 北京：高等教育出版社，2004.

（原文发表于《英语研究》第九辑，上海交通大学出版社， 2019，责任编辑：郭建辉）

舍不得那点"无用的"美丽

——我学习语言哲学的故事

小序：你以为你走的是一条自己规划的路，到了人生末了，才发现，实际上你走上的是一条生活（社会、人文、时代生态）为你修正的路。不过，这条修正的路，依然利用了你自己过往准备的点点滴滴。一生也许只能做一件事，还不一定做得好。

谁学习语言哲学，并不重要，甚至无足轻重。重要的是，记取生活游戏规则。人生有点像打牌：发牌是命运（社会与时代生态）的事，能动性地出牌、换牌、和牌是打牌人的事。

1. 童年：我与哲学擦身而过

大约是在1949年至1950年间，我读小学四年级吧，发现做生意的父亲，睡前总不忘靠在床头看书。纯粹出于好奇，在某一个早晨，我拿起他看的书，书名是《历史唯物主义与辩证唯物主义》，作者：艾思奇。当时刚满十岁的我，把书放下了。

我在为自己的父亲吹牛吗？他读过中国四大名著。1954年，长江发大水，大水茫茫淹家园，政府将我们转移到湖北天门县杨林乡下。在一个静静的夜晚，耳听汉水在5公里之外咆哮着，父亲对读完了初中一年级的我说，"还是农民好，做一点，吃一点，不像做生意的人，从商品流转中赚差价。看来私人做生意是不行了。你要好好读书。"现在看来，他对商人的评价是不妥的，但是，1956年全国就实现了私营工商业的全面改造，他的预言惊人地准确。从他嘴里说出那番预言，正是他这个商人能读艾思奇的证明。

如果我读了艾思奇，又深入下去……

人生没有"如果"。你的一切行为，就是你在舞台上的直接演出，你或许有暗暗的决心与打算，但绝无彩排，没有预演，演砸了就砸了。但是面对失败的演出，你可以认真想一想，败在何处，以后类似的戏就可以演好一点。

能有效地修改你下一步行动的，往往不是你自己，而是社会、人文与时代生态环境。一个人能把握自己一半的命运，就不错了。

2. 自制的"紧箍咒"

从小我的心算能力差，很慢，我是那种slow wit（慢智）型的人。小学有一个学期，我的算术成绩才64分，这让我耿耿于怀。到了初中、高中，我的代数、几何都不错。但是直到高中读完，我还是死死认定：我不是搞哲学的料儿（makings）。晚至70岁以后才悟出，那个倒霉的64分让我兴起一个妄念：我的心算能力不好，等于我的数学差；最后的妄论是，心算能力差等于逻辑思维能力差。

我的逻辑思维能力不错本来是事实，却迟迟没有摘掉我头上的"紧箍咒"。在高中，我的代数高次方程、平面几何、三角函数掌握得很不坏，从而我的物理、化学运算也很少失手，因而在毕业时"挤进荆州中学前十名"——班主任张承先老师在全班宣布，并以我的例子反驳"报考文科的都是功课差的"这一流行看法。

可是，"我的数学差"像一个紧箍咒，戴在我脑袋上。孙悟空脑袋疼,是唐僧念咒语。而我,是自己念咒语,自己脑袋痛。由此,高中时代只举办过一次数学竞赛,我干脆不报名。被强迫报名之后,带着这种不自信上考场,当然要被淘汰出局。这里还发生过一个"危险"的插曲:我的三角函数的小测验连连受挫,但由于做了许多自选题,正式考试结果:全对。这再一次证明,我的逻辑思考能力并不差。

可是,那个自制的魔咒我没法摆脱,高考前,有一个好友劝我也报哲学系,我不敢答应。终于向自制的魔咒缴械投降。在这一点上,我对不起攀登过上百次的荆州古城(荆州中学就在古城墙之下),辜负了三国古战场这一宝贵的资源与智慧。我是被一个自起的妄念吓唬住的人。

但是,生活偏偏就让那个不敢报考哲学系的少年,在他的壮年时代去学哲学。

3. 美梦空纠缠

我们读的第一本书,可能会撩发你的一个美梦,但这美梦却并非必然适合你,便产生了"美梦空纠缠"现象。

我读的第一本书,是在小学四年级的一个下午,坐在我家大门的石阶上,一口气读完了一个剧本:《革命是用血换来的》。最后一句台词是:"主角举起右手说:'革命是用血换来的,我们要用血来保卫革命!'——幕落。"就是这本书,开启了我长达二十余年的作家梦。

不能说我的作家梦,连一点苗头和影子都没有。作文是不错的,不仅在小学,尤其在初中、高中,我能够准确预知我的哪一篇作文会受到老师表扬。这种几乎屡试不爽的预测,建立在自信与勤奋多读的基础之上。问题是,若真把师长的好心鼓励当成你实在的绝招(天才与天分),那鼓励也可能耽误你。

于是我就按照这个鼓励去准备。读的文学作品品位之高、数量之多，还真有当作家的实干劲头。四个文学大国的经典之作，我在大学毕业之前，读了一半。我国的四大名著，在高中时代就完成阅读。在大学与参加工作初期，把另外三个文学大国——俄罗斯、法国与英国——的文学经典，也基本读完。俄（大部分为原文）、法（全部为中译本）经典全部读完之后，英国文学原著在大学时代我尚不能读，只能读中译本。我在大学一年级发现了一个世界文学名著书单。得力于母校华中师大图书馆丰富的藏书，我按书单一本一本地借来。每天中午，我把自己关在蚊帐里，靠在床架上，读了四年。落得一顶帽子戴上头：白专分子（后来，为我平反了）。这是我为我的美梦付出的第一个代价。

需稍加说明的是，我的俄语修养，得力于从初中一年级起，就由一个流落在仙桃附近的"俄国婆子"与中国教师周斯宁共同执教的幸运。所以，大学三年级开始，托尔斯泰的《战争与和平》、普希金的《上尉的女儿》以及果戈理的《钦差大臣》和《死魂灵》，高尔基的《海燕》（散文诗）、《母亲》，莱蒙托夫的《孤帆》（诗），以及奥斯特洛夫斯基的《钢铁是怎样炼成的》，读的都是俄语原版。《战争与和平》中有大段法语怎么办？跳过去。

这些读物之中，我最有心得的还是鲁迅的《阿Q正传》与《祝福》，顺及他的所有散文，包括他谈情说爱的"两地书"。

我暗暗地觉得，我对文学的准备，有点儿资本了。我以为我能写点儿东西了。真的就在大学三年级写了一篇小说，题目忘了，但情节记得清楚：在我祖母生日那一天，她端坐高堂，开出的条件是，谁给她跪下磕头，谁就可以吃她赏赐的食物。我为了保卫我双膝的尊严，不下跪，拒绝了美食的诱惑，跑了，很晚才回家。就是这个短篇，我就让我的同窗好友陈立刚，转给他的亲哥哥陈立德，一个颇有作为的军旅作家。很快就得到回信："小说的语言流畅，但是写这样一个东西，有什么教育意义呢?"真的,有什么教育意义呢?那一问,问出了一个更严肃的问题,即我的文学观念是曹雪芹、鲁迅、托尔斯泰、巴尔扎克、莎士比亚给的:说文学是人学,不就是因为文学能深刻地揭示人性之弱、挖掘人性之善吗?文学能教化人固然好,但是,把文学的第一任务定为人品教化,那与我的文学观念,似有方枘圆凿之嫌。我处于朦胧的不安之中。是否我应该知趣地放弃写小说?

我之少不更事,到了难以理喻的程度。1957年,那么多的作家、大学中学教师都打成了右派。但是,我居然还敢在大学三年级(1960年)练习写小说!后来每念及此,我都为自己不谙世事的顽固感到后怕。又一次重大波折是,1958年高考,自信每一门功课都考得好,却没有录取上我的第一志愿中山大学中文系。后来我回忆,班主任在高考审核时问我:你是不是有一个亲戚跑到台湾去了?——在兵荒马乱的年月,我大嫂的弟弟在武汉街上行走,被国民党逃离大陆时抓了壮丁,这笔账算到了我的头上。结果高考录取的是华中师大外语系。让我进入大学,仍然是幸运的。在外语系,我在保证一切外语学科优秀的前提下,还看了许多文学评论。——不写小说了,却对文学放不下。直到我47岁(1986年,尚在恩施师专工作)时在《现代外语》上发表了一篇放在首篇的语言学论文《语言冗余信息的容忍度》,我的作家梦才算打住。

对于文学,我只有欣赏的"命",这也不错;没有动笔的"运",焉知这不是好事?平心而论,撇开"教育意义"不论,那篇练习小说真是没有什么称奇的技巧和特殊的过人之才。

感谢生活修正了我的路。

可是,有趣的是,我为文学准备的一切不是白费,它们都转投、奔向我后来的语言研究和哲学学习,派上了大用场。

尤其有趣的是,有心写小说,花不开;无心写散文,却柳成荫——《摘取我够得着的葡萄》(广东人民出版社,2006)、

《眼光和定力》（复旦大学出版社，2012）。这两个集子，如果没有大喊大叫就打动了某些读者的心灵，那就算我额外的欣慰了。

4. 百科知识的准备

我读的第二本书，是苏联科普作家依琳写的《十万个为什么》，这是我的幸运。与此同时，我还用心钻研了许多科学家传记。可是，我并未打算做科学家。这些书引导我，做一个人，要热情，更要理性地拥抱生活，对一切知识都不要拒绝。我的求学时代以及后来的人生，无论受到多大磨难，我对一切知识都抱着一种虔诚的态度。在大学时，我常读的是山东大学的《文史哲》、《光明日报》的哲学版，还有《新华文摘》。这个习惯保持了相当长的时期。

而且，我的整个一生，对物理学和其他科学报道，不仅仅是听听了事，还有进一步的了解。从客观上讲，这为后来向分析哲学（就是语言哲学，详见下文）的转变，做了一点自然科学的铺垫。

在大学时代，两门外语都不赖，我把自习时间几乎全用在到图书馆抢座位，看各种语言学的小刊物，看文、史、哲。这些当然为后来的语言学研究打下了比较好的基础。

知识是上苍对我们的赐予与托付。你不知道它对你有什么确切之用，什么时候用，什么地方用，但是，相信它会在不经意时，帮你渡过隘口与难关。事实也正是如此。后来，我的语言学研究大量地运用了自然科学，我读哲学文献之所以还能读懂，更是靠自然科学铺底。好比说，我们吃下去的每一口饭都能变成养生的血液和能量，但我们不知道哪一口饭变成了哪一滴血，不知道哪一块骨头是由哪一口饭变来的。

有了知识，才有可能自己再生产知识。有了思想，才可能对思想进行思考。百科知识准备，到人生最终，都不会白白浪费，它们形成了我们的宇宙观、人生观。——这是哪一派哲学都逃不脱的核心。

5. 英语学习意兴未阑珊

大学三年级，彼时我20岁，开始念英语。为什么很重视它？当初我的考虑是：不学两门外语，不能算学外语。这个回答，不算堂皇，只有意兴，其实是为了享受英语小说之乐。就是没有想到与哲学也会发生关系。

从此，每日朗读半小时，从20岁直到50岁，无一停辍。从50岁之后，每逢一个生词，听有声词典朗读或自己朗读20次，直到写此文的当下。

1974年之后，我开始由俄语转教英语。

1988年，开始阅读英语语用学文献。

2001年，开始系统地阅读分析哲学文献，即语言哲学（在广义上说，语言哲学几乎就是分析哲学的同义语。"In a broad sense, philosophy of language is nearly synonymous with analytic philosophy." *Dictionary of Western Philosophy*: *English-Chinese*, p. 755. philosophy of language）。这时候，才庆幸，20岁那个只凭意兴学英语的决定，终于找到了用武之地，等到了一个提升英语价值的绝好机会：分析哲学的文献，就是英文。天意（a divine will）吗？

6. "精神亡命期"的救命书

我的"精神亡命期"，是从1966年"文革"开始到1978年12月18日十一届三中全会之前，对一波一波政治运动的心悸与不安。

"封资修"的书都不能沾边，下面这几本，成了我的救命书，它不犯禁，还不用偷偷摸摸地看：

恩格斯的《自然辩证法》，令我终生不忘的一个命题是："在一瞬间，一物是它自身，又不是它自身。"它为我日后理解怀特海（Whitehead）的过程哲学（process philosophy）打下了基础。

毛泽东的《实践论》，让我回忆起"文革"前做班主任时，哪些是错的，哪些是好的。

毛泽东的《矛盾论》，是我以后读懂老子继而庄子的最初根基。

鲁迅的文学作品，我从初中读起，高中全部读完。他的那些闪烁着思想光芒的小品、随笔、散文，在这个"精神亡命期"，就有工夫读了，它们成为人性认识的起点。同时，不幸的是，鲁迅的"一个都不宽恕"的观点也深深地影响了我，因为那时我有接受这一思想的心理基础，我正吃着"人挤人"的苦头。鲁迅是伟大的思想家（批判进取）、文学家（阿Q人物形象），但他不是神仙。老实说，当时染上的"不饶恕不宽容"缺陷，成了我晚年反思最重要的任务。

反读"批孔"书。在"批孔"运动的百无聊赖中，我就反读这些材料。在反读中，了解了一点孔子的入世主张、经世技法。后来我细细地读庄子，发现庄子多有批孔之处，且言辞严厉。这是后话。

唯一能救自己的精神的，就是读书，最好读哲学。能使自己内心强大起来的、能使自己内心宁静的，还是读书。不妨读点佛经。而宗教，是哲学的兄弟。

7. 结穴语言哲学

改革开放的最初，我是研究语用学的。在恩施师专，我就读了Leech所写的 *Principles of Pragmatics*（《语用学的原则》），那是在1987至1988年之间，我尚未调入广外。那时，我还读了三家——北外、上外和广外——学报上一切有关语言学（包括语用学）的文章，老老实实当学生。此后读Levinson，从他那里知道了语言学家常常引用Wittgenstein、Austin、Grice、Searle。奇怪的是，这些人怎么都是哲学家？哲学家怎么有闲工夫管语用学的事？

1989年春节过后，举家调往广外。这是我命运的转折点。

1992年，我应邀前往比利时安特卫普大学国际语用学研究中心当特约研究员，在那里读了更多的语用学文献。那个疑问越来越强烈：为何语用学大家都是哲学家？只是分析哲学仍然没有进入我的视野。

但是有一事，既与哲学有关，又与国际语用学研究中心有关。在那里，找到了我急需的意大利美学家克罗齐的名著《美学原理：作为表现的科学和一般语言学的美学》的英文版（*AESTHETICS as Science of Expression and General Linguistics*, Macmillan & Co. Ltd., London, 1922）。西方哲学的早期，是包括了美学的。回国以后，我干了一件"笨事"：将此英文版与朱光潜先生的中译本逐字逐句对照，朱本竟然无可挑剔。我对朱先生肃然起敬。次年，我出版了花三年写就的《美学语言学》（1993）。就是这本书，开始了我尝试性的语言哲学写作。19年之后（2014年）杜世洪教授评论说，以这本书与后续的两本书（见后）为标志，"钱冠连找到了捆绑这两种秩序（宇宙的秩序与人类思想的秩序）的方法。语言全息关系就是用来捆绑宇宙、人和语言的绳子。"

从欧洲回来以后，《汉语文化语用学》（1997）问世。这是访问国际语用学研究中心刺激出来的成果：没有中国人写的语用学？那我就写一本。

从1999年开始，我对分析哲学的投奔、酝酿、尝试、非系统阅读已经开始，发表拙文《哲学轨道上的语言研究（上）》（《外国语》，1999年6月）便是一个标志。同年，《语用学的哲学渊源》（《外语与外语教学》，1999年6月）发表，更可作回忆的证据。

大约是在2001年的冬季，教育部属的文科基地主任王初明这样问我：

"……你去上语言哲学课吧。"

"你是随便说说，还是以领导身份分配任务？"

"我不是随便说说。"

"两天以后，答复你。"

两天以后，我回答了他。

感谢王初明先生"逼"我，我无后退之路。半路出家，即使成不了哲学家，却有可能成为一个不肤浅的别的什么"家"呢。

在上课之前6个月的备课时间内，我身披白云山冬天和煦的阳光，在阳台上，细读了18位（Frege开篇）语言哲学家的代表作（M. Baghramian编辑）。6个月，读18篇，慢得像蚂蚁爬树。我觉得我在读世界上最难的英文。那些并不陌生的英文单词，连成句子以后怎么就不懂了呢？也难怪，我闯进了一个全新的领域。浓缩了那个学科的全部精华的关键术语，我不懂，不懂关键术语，就是不懂那个学科。不知道19世纪末到20世纪70年代初那场分析哲学运动的背景，就很难理解这个时期的哲学。

此时，面对分析哲学原文文献，"为何语用学大家都是哲学家"之谜才解开。原来，那些一直让我纳闷的"管语用学闲事"的人，都是分析哲学（"以语言分析的方法解决哲学的千年老题"，故以后标签为"语言哲学"）的哲学大家。是他们，无心插柳柳成荫，向语言学家提供了新学科分蘖的最初营养。分析哲学的嫡系"儿子"是语义学，语义学的动态研究便产生了它自己的"儿子"——语用思想，语用思想不过是分析哲学的"孙子"。这个"孙子"由语用学家接管并发展成语用学。

与此同时，我又逐渐地摸索了Martinich编辑的语言哲学读本41篇（以内容分组，开篇的内容是Truth and Meaning）。国内江怡、陈嘉映、王路的相关书籍（分析哲学、语言哲学），我都逐字逐句地拜读过。当我读完并比较了两位作者（Russell、Thilly）的西方哲学史（前原文本，后中译本）之后，才知道了分析哲学的位置应该摆放在西方哲学的哪一阶段。

生活把我修正到语言哲学路上。

就这样，我为语言哲学做的第一件事，就是开课。一开就是十年。还不包括在外面大学的讲座与开课。我总是对博士们说，"大家不要指望我课堂上的每一句话都是对的，只须要求我讲出来的东西有智慧。"就这样，很多学生年年听，有的学生从头至尾听了四次，听过三次的极为普遍。

第二件事，是普及语言哲学。2004年8月11日至21日，我和六位博士生霍永寿、刘利民、王爱华、梁瑞清、褚修伟、梁爽，在泸沽湖畔，上午读古文，讨论在全国普及语言哲学的事，下午读一本更大的"书"：读泸沽湖的水，读周围的山，读散居在泸沽湖周围的"女儿国"的纳西族儿女。借着泸沽湖的圣洁与宁静，我们在讨论一件圣洁与宁静的事业：2015年在四川大学外语学院举办（刘利民操持）首届全义务性质的夏日哲学书院。讲课的先生，不拿一分钱，食宿自理，而且学员交多少会务费，先生也交多少。

时隔12年，我们在云南昆明的抚仙湖畔举办第十一届夏哲院（云南财经大学国际学院操办）。这次书院举办之前，在中西语言哲学研究会的常务委员会上，我们听到副秘书长传达了这样一个消息：国家民政部口头表扬我们说，"……全国首创，他们办了国家该办的事。"早在此前，《当代外语研究》（杨枫主编）就肯定过"夏哲院的公益性是首创的善举"。这是全国同行、中西语言哲学研究会、学生与我，共同办的第二件事。

第三件事，我自己学习与研究语言哲学的工作。

工作之一，写作《美学语言学：语言美和言语美》（1993）、《语言全息论》（2002）、《语言：人类最后的家园——人类基本生存状态的哲学与语用学研究》（2005），这三本书共有一个思想脉络。正如杜世洪教授所说，"钱冠连在《美学语言学》中提出的哲学问题，在《语言全息论》和《语言：人类最后的家园》中得到了回答。钱冠连的哲学思想是对古希腊宇宙观的发问与解答。古希腊哲学家虽然认识到了'宇宙的秩序'同'人类思想'的秩序类似，但似乎未找到这两种秩序的联系方法。钱冠连找到了捆绑这两种秩序的方法。语言全息关系就是用来捆绑宇宙、人和语言的绳子。'钱冠连的绳子'还用来串起语词与世界的道理，把人的存在维系在程式性语言行为中。'钱冠连的绳子'是一项不容忽视的哲学贡献"（《语言研究的智慧与方法——钱冠连的哲学思想和"钱冠连的绳子"》，《当代外语研究》，2014年6月，第20页）。

工作之二，尝试了后语言哲学，将西方语言哲学本土化。当西方形而上学又打回哲学老家的时候，我企图将西方分析哲学推向"后语言哲学"阶段，它具有浓厚的本土特色，不做西哲的老课题，但吸收它的营养，而"节外生枝"，即老树生新枝。如果说"东方不亮西方亮"是自然的，那么，"西方不亮东方亮"自然也是自然的。我的后语言哲学的工作，集中反映在《后语言哲学之路》（徐真华主编，上海外语教育出版社，2014）一书之中。它包括15篇关于语言哲学的介绍文章，其中也包括我自己的独特见解（所以是"后"嘛），尤其是独立原创的论文5篇——我脑子里的"后语言哲学"就是这个样儿。

我一直将这个工作（将西方语言哲学本土化）静悄悄地做

着，并没有号召别人做的意思，倒是第二任中西语言哲学研究会的会长王寅先生，很把它当成一件事，不遗余力地为后语言哲学的推广而努力。他曾以《钱冠连学术思想的脉络及其价值》(《当代外语研究》，2014年6月，第14页)梳理出七个方面："创新时代，从无到有；专著之创新与生有；论文之立意与前瞻；中国外语界的语哲拓荒者；心系学界，兼达天下；贵在学派意识，志在扬我国威；语言美和言语美……"必须老实说，王寅先生对我的评价，良苦用心在鼓励外语学界，我自知短浅，不敢接受。

工作之三，写了《命运与欲望》(英汉对照版，高等教育出版社，2017)。这本书表明我的另一尝试：兼做生活哲学。

第四件事，领头办了一个学者共同体，即中西语言哲学研究会。我曾经想，知识分子如果有不会与人打交道的缺点，还是能活下去，并且可以活得好，其原因在于，他们的劳动形态最突出的特点是思考的个体性——备课要自己备，上课要靠自己的嘴巴，做研究要靠自己的笔，避免了社交。老子、庄子便是思考个体性的样板。但是，无可否认，他们的劳动形态还有另一面：思考的碰撞性、分享性，这就要群体了。从办学会(高层论坛)、夏哲院以及刊物与出版社支持——比如李洪儒主编的《外语学刊》、杨枫主编的《当代外语研究》、商务印书馆及高教出版社的支持——这三件事表明，缺了群体思考的碰撞性、分享性，缺了团队的合作与奉献，办大事业是没有希望的。所以，要成立学会。

第五件事，高教出版社出版的《语言哲学》，我主编四年以后，加了执行主编王寅先生。

一辈子只做了上面一件事：结穴语言哲学。还不是我胸有成竹地做它，直奔目标，而是跌跌撞撞，像被击中的一颗圆滚滚的台球，碰去碰来，几个来回，才最后落进洞里。

人生有点像打牌：发牌是命运(社会与时代生态)的事，

能动性地出牌、换牌、和牌是打牌人的事。你能掌握的那一半命运，一旦它来临，就得不失时机地抓住它。我用讲授语言哲学的时机，做了一点文章。不过如此。

8. 三种不同寻常的帮助

做这件事（西方语言哲学的本土化），我得到许许多多人的帮助。在帮助我的人与事件当中，有三件，是不同寻常的、不可预知的。

第一件，暗中相助。有几个直到现在我还不知其名的北大、人大教授与成就远远超过我的胡壮麟先生（他不需要我的任何帮助），在暗中帮助我。事情是这样的：徐真华，我校党委书记兼校长（2000-2010年），在21世纪之初，他去北京参加一个学术会，"会上认识了北大、人大几位研究哲学的教授，闲聊起来，居然聊到广外的钱冠连，他们赞叹道，一个搞语用学的英语教授，能把语言哲学研究得这么深透，说得这么明白，确实不简单。会议结束时，我向胡壮麟先生道别，先生握着我的手，语重心长地说：你是广外校长，爱才、惜才当是头等大事。"（见《阅读钱冠连——我为何挽留钱先生延教十年》，《当代外语研究》，2014年6月）

"北大、人大几位研究哲学的教授"与声望极高的胡先生，凭什么要在我的校长面前这样推举我？这件事是推动我晚年加紧反思自己的重要动力之一。人要为善，背后助人是纯善、真善与大善。因为他们根本就没有想到利益的交换。越是关心与自己无关的生命，越是伟大。

第二件，两位校长"接力棒"式地帮助我。接下来，我们继续看看徐真华校长的回忆。"回穗后，我搜集钱先生的论文、著作细心拜读，了解到他在那个时期发表的关于语言哲学的系列论文（以及后来的几本专著）在学界引起了巨大的反响。他为广外及应邀为其他高校的博士研究生开设的西方语言哲学课更是盛况空前。……多年后，钱先生向我提起一段往事，说是我的一个电话延长了他10多年的学术生命。他在著作中曾多次提到，徐真华是他人生关键时段（60-71岁）的提携者、助推者，对他晚年的创作有非同寻常的意义。原来，在钱先生60岁那年，广外人事处上报已达退休年龄的教职工名单，让我过目，我随即给人事处长挂去电话，说：'钱冠连这样的学者，广外不是多了，而是少了，对这些学术造诣深的教授应为他们创造更宽松的环境和条件，不能一退了之。'钱先生就这样留下来了。我当时并没有太多更深更远的考虑，但是直觉告诉我，一所伟大的大学不能没有伟大的学者，广外远称不上伟大，但是对那些享誉全国的教授我们应该倍加爱护，倍加珍惜。"（同上）

关心我的第二位校长是仲伟合。他当校长后，对于我的一切学术活动从来都是痛痛快快地支持，出书、写序、开会、出国……但凡学术求助，有求必应。及至我孙女上幼儿园碰到了困难，我人还在校外，他立刻就帮我解决了。在《当代外语研究》的"钱冠连75岁华诞特刊"首页，他写道："他在语言理论、语用学、语言哲学研究领域中的独特见解即学术思想影响了整个学科的发展。"在内行眼中，仲与徐两位校长对我的系列评价，分量都非常重，是我不能承受之重，故他们二人的评价与赞赏，皆略去。但我还是要说出来，是两位校长，容忍了我许多不谙世事的书生气，联手为我撑起了一个避免风雨袭击的安全洞穴，让我结穴于语言哲学之中。尤其让我觉得有意义的是，任何一个高校教师，如果都有连续两届校长的爱护，就意味着他的一个大的人生段（少则16年，多则20年）内都有一个稳定、可靠的呵护，而这样大的人生段，基本上就奠定了这个教师的事业（如果他想干一番）！——我说的不寻常的意义，就在这里。

第三件，还有两位非常特殊的人，特别令我和我的同事们感动。这两个人，年年参加夏哲院，迄今为止11年，把它当着节日来过。可是，到2016年的夏哲院为止，没有安排过一次主题发言，十几年都是当听众。他们是真正地爱智慧。扪心自问，我能这样十几年当听众？还没有证据说明我能。也许他们两人——无锡的包通法教授和杭州的黄会健教授——并没申明是帮助我，但是他们以这种特殊的方式，对学术共同体、对普及语言哲学做出的贡献，令人难忘。同事们称他们是"铁杆"语哲人，也就是"铁杆"爱智人。这就是他们对语言哲学活动的巨大帮助，也惠及了我。

我自己结穴语言哲学，只是"为"，其意义可以忽略不计，"圣人之道，为而不争"（《老子》，第八十一章）。但上面这三类不同寻常的帮助者与一切帮助过我的人，他们以自己的火把，溶解了我生活中的冰块。这种人帮人的意义，是非争不叫、非提倡个叫的。

9."唐朝的哲学家在和尚里"

在余下的日子里，我干点什么去？

不必根据小标题猜测我要出家当和尚。京剧《秦琼卖马》的唱词，一口气有七八个"舍不得，舍不得……"我舍不得什么呢？舍不得那点"无用的"美丽。哲学不带来有形的利益，不给人一分钱，却给人智慧，大赢。

还得完成一个必须完成的任务：纠正自己的失误。"围棋下子，往往遗留下被对方攻击的漏洞，这便是后手。……若有人反躬自省，在离世之前把该补上的后手全补上，不欠别人账……。"（见《当代外语研究》微信版，2016年6月26日）庄子（盗跖）也说，"若弃名利，反之于心（在内心反思），则夫士之为行，抱其天乎（保持他的天性）。"

任继愈说："唐朝的哲学家在和尚里。"我们这个时代的哲学爱好者，在闲人里。轮到我做闲人了。每天读《牛津哲学辞典》（*Oxford Dictionary of Philosophy*）两条左右。同时，读庄子，读《易经》，读英文小说。冯唐易老，但不以老为悲。广外大，宜于书陪、茶伴、绿中行，值得久蛰。

不为研究，就为了了解世界。越是了解宇宙，就越是了解自己的渺小；越是了解自己的渺小，非分之想就越少；非分之想越少，就越是内心宁静。其实，在宇宙中，每个人都是渺小的，只是他不知道，或者他不愿意知道而已。

钱冠连

2016年10月2日初稿

白云山下

（原文首发于《融合大学英语》网上视频，2016年10月8日）

钱冠连年谱

1938.7.15 事实上出生年月日。

1939.7.15 出生于湖北省沔阳县（今仙桃市）沙湖镇（记错写入身份证）。

1946.7.15—1952.7 就读并毕业于沔阳县第四区完全小学（沙湖镇）。

1952.9—1955.8.15 就读并毕业于沔阳县初级中学（仙桃镇）。

1955.9—1958.7 就读并毕业于湖北省江陵第一中学（荆州高中）。

1958.9—1962.7 就读并毕业于华中师范学院外语系本科（武昌）。

1962.9—1972 执教于湖北省恩施第一中学（省属高中）。

1972.9—1978 执教于湖北省咸丰师范（后名鄂西教育学院，今已撤销）。

1978—1988 执教于湖北省民族学院（恩施市）。

1986 首篇论文《语言冗余信息的容忍度》发表在《现代外语》第3期（首篇）。

1987.1.14 获副教授职称（于湖北民院，系恩施地区第一个外语副教授）。

1989.1—？ 执教于广州外国语学院（今广东外语外贸大学）。

1990 任《现代外语》（广州外国语学院学报）副主编。

1992—1993 受聘于比利时安特卫普大学国际语用学研究

中心特约研究员。

1993 首部专著《美学语言学：语言美和言语美》出版，深圳：海天出版社（第一版）；高等教育出版社，2004（第二版）（翌年，该书使出版社获优秀出版奖）。

1993.12.30 获语言学研究员职称。

1994.5.8 获政府特殊津贴。

1997 《汉语文化语用学》出版，清华大学出版社（第一版）；2002（第二版）（教委推荐全国研究生教学用书）。同年3月7日，季羡林先生为此书写序，其中言到："感谢本书中那些前无古人的精辟的见解，……"。

1999.9 《汉语文化语用学》获广东省第六次优秀社会科学研究成果奖三等奖。（后被北京大学、南开大学、浙江大学等大学列为学生必读书目，被多所大学列为博士参考书目）。

2001.6.29 获博士生导师资格。

2002 《语言全息论》出版，北京：商务印书馆（第一版），2003（第二版）。

2003.12.22 第一位博士生霍永寿博士论文答辩成功。

2004.8.11 （至21日）与六位博士生（霍永寿、刘利民、褚修伟、王爱华、梁瑞清、梁爽）在泸沽湖研读《古文观止》，并开始策划如何在全国普及西方语言哲学。

2004.11 受聘为全国语言文字标准化技术委员会外语应用分技术委员会委员（北京）。

2005 《语言：人类最后的家园——人类基本生存状态的哲学与语用学研究》出版，北京：商务印书馆。

2005.7.16 （至23日）主持首届夏日哲学书院（夏哲院）在四川大学开办，该校教授刘利民（我的博士生）操持。

2005 论文《以学派意识看汉语研究》(在《汉语学报》2004年第2期发表之后)被《中国学术年鉴》(人文社会科学版·2004)(学术年鉴隔年出版前一年的学术大事)大篇幅转载;该文的核心段落"提倡形成语言学的中国学派"被教育部蓝皮书《中国高校哲学社会科学发展报告2005》引用,认为此文的论说"很值得重视"。

2006.7 主持首届中西语言哲学研究会研讨会,在首都师范大学举行(隋然教授操办)。

2006.12 散文集《摘取我够得着的葡萄》出版,广州:广东人民出版社。

2007.4 《语言:人类最后的家园——人类基本生存状态的哲学与语用学研究》获广东省哲学社会科学优秀成果奖一等奖。

2008.1.12 在中西语言哲学研究会成立大会暨第二届语言哲学国际研讨会(广州)上当选为首任会长。

2008.9 《钱冠连语言学自选集:理论与方法》出版,北京:外语教学与研究出版社(中国英语教育名家自选集系列)。

2008.12.31 正式办退休(法定退休年限应在1999年,事实上延教10年才办理)。

2010 任《语言哲学研究》(高教出版社出版)主编(年刊)。

2010 论文《中国修辞学路向何方》发表于《中国社会科学报》2010年1月5日第8版。

2010.12.10 最后一位博士生梁爽博士论文答辩成功。

2011.8.18 获二级教授职称。

2012.8　散文集《眼光与定力》出版，上海：复旦大学出版社。

2012.10　此前三年，中西语言哲学研究会与上海外语教育出版社合作出版《西方语言哲学经典原著系列》，为此系列撰写总序《论语言哲学的基本元素》，该系列书于2012年11月出版。

2012.12.28　在中西语言哲学研究会第四届国际研讨会（宁波）卸任会长，同时任名誉会长。

2013.7.19　截止是年是月是日统计，被高校邀请讲学64次。短期如一天，长期如一年。另，在全国性各种学科研讨会、高层论坛、博士论坛、国际研讨会、教授沙龙受邀做主题报告50余次。基本形成讲台在全国的事实。（2016.1.22追记：事实上，这一统计之后，仍在各地讲学）

2014.6　《当代外语研究》（上海交通大学主办）的 *A Special Issue in Honor of Professor Qian Guanlian on His 75th Birthday*（《钱冠连教授75岁华诞纪念特刊》）于2014年第6期（总第420期）出版。

2015.6.5　在《当代外语研究》微信公众号上发表《学者随笔（1）钱冠连：回味人生（八则）》。

2016.10.8　散文《舍不得那点"无用的"美丽》在《融合大学英语》微信公众号【钱冠连专栏】发表。

2017　《命运与欲望》汉英双语版面世，北京：高等教育出版社。

2017.11.17　获第二届许国璋外国语言研究奖二等奖（一等奖空缺）。

2018.7.26　中西语言哲学研究会在大连理工大学外国语学

院（该年度夏哲院承办单位）举办"钱冠连教授80华诞寿庆暨学术思想研讨会"。

2018.11.22 2018年国家社科基金中华学术外译项目名单（语言学）中，钱冠连《语言：人类最后的家园——人类基本生存状态的哲学与语用学研究》入选两项（英文、俄文）。

2019年年底 商务印书馆重印《语言：人类最后的家园——人类基本生存状态的哲学与语用学研究》一书，评论其为"21世纪新经典""语言哲学研究必读作品"。

（霍永寿编）

主要著述

专著

1. 《美学语言学:语言美和言语美》. 深圳:海天出版社, 1993;第二版. 北京:高等教育出版社, 2004
2. 《汉语文化语用学》. 北京:清华大学出版社, 1997;第二版. 2002(教委推荐全国研究生教学用书,广东省哲学社科三等奖)
3. 《语言全息论》. 北京:商务印书馆, 2002;第二版. 2003
4. 《语言:人类最后的家园——人类基本生存状态的哲学与语用学研究》. 北京:商务印书馆, 2005(广东省哲学社科一等奖,第二届许国璋外国语言研究奖二等奖)
5. 《钱冠连语言学自选集:理论与方法》. 北京:外语教学与研究出版社, 2008
6. 《后语言哲学之路》. 上海:上海外语教育出版社, 2015
7. 《命运与欲望》. 北京:高等教育出版社, 2017

散文集

1. 《摘取我够得着的葡萄》. 广州:广东人民出版社, 2006
2. 《眼光与定力》. 上海:复旦大学出版社, 2012

译著

《语用学诠释》([比利时] Jef Vershueren著,钱冠连、霍永寿译). 北京:清华大学出版社, 2003